Norbert Lohfink · Kohelet

Norbert Lohfink

Kohelet

Mit einer neuen Einleitung

Echter Verlag

Gerhard Striebeck und Wilfried Barner,
den Helfern beim Übersetzen

Die Deutsche Bibliothek – CIP-Einheitsaufnahme

Die *Neue Echter Bibel.* – Würzburg : Echter Verlag
Teilw. unter Mitarbeit von Georg Braulik ...
Kommentar zum Alten Testament mit der Einheitsübersetzung / hrsg. von:
Josef G. Plöger ; Josef Schreiner. Lfg. 1. Lohfink, Norbert: Kohelet. – 1980
NE: Plöger, Josef G. [Hrsg.]; Braulik, Georg [Mitverf.]; Abt.

Lohfink, Norbert:
Kohelet / Norbert Lohfink. – 4. Aufl. – Würzburg: Echter Verlag 1993.
(Die Neue Echter Bibel : Kommentar zum Alten Testament mit der Einheitsübersetzung; Lfg. 1)
ISBN 3-429-00655-4

4. Auflage 1993

Gesamtherstellung: Echter Würzburg
Fränkische Gesellschaftsdruckerei und Verlag GmbH
ISBN 3-429-00655-4

EINLEITUNG[1]

In der Synagoge ist das Buch Kohelet als Festlesung dem Laubhüttenfest zugeteilt – wohl weil es zur Freude auffordert. Thomas a Kempis hat aus dem ersten Satz des Buchs – *vanitas vanitatum, omnia vanitas* – die Aufforderung vernommen, alle irdischen Güter zu verachten und nur die himmlischen zu begehren. Das tat nicht er allein. Die christliche Frömmigkeit hat mehr als ein Jahrtausend lang dem Buch vor allem dies abgelauscht. Für manchen modernen Agnostiker ist Koh die letzte Brücke zur Bibel. Es gibt heute Christen, für die ist Koh die verrucht-geliebte Hintertür, durch die sie jene skeptisch-melancholischen Empfindungen ins Bewußtsein einlassen können, denen am Haupteingang, wo Tugendpreis und Jenseitsglaube auf dem Namensschild stehen, der Zugang nicht gestattet würde.

Was sagt dieses Buch wirklich? Es gibt sich als Lehrschrift und ordnet sich so in die »Weisheitsliteratur« ein. Selbst einige offenbar vorhandene Anspielungen auf Zeitgenössisches nehmen ihm nicht die deutlich sichtbare grundsätzliche Aussageabsicht. Von Anfang an fragt es nach *dem* Menschen. Das National-Israelitische tritt in den Hintergrund. Das Buch ist auch systematisch angelegt.

1. *Inhaltsüberblick.* Kohelet – so heißt die Stimme, die fast das ganze Buch füllt – entwirft nach einigen Einleitungssätzen zunächst eine *Kosmologie* (1^{4-11}). Die feste Erde ist die ewige Bühne, auf der, ebenso ewig, die anderen Elemente der Welt herrlich und ohne sich zu verzehren kreisen. Nur die Menschen kommen und gehen. Zwar bringt der Mensch durch Sinne, Sprache und sammelnde Erinnerung die Welt erst in ihr höchstes Sein. Aber er ist der auf ihn einstürzenden Fülle nie gewachsen. Jede Generation muß das Bewußtsein von neuem aufbauen, da jeder einzelne Tod es wieder vernichtet.

Mit logischem Zwang schließt sich eine *Anthropologie* an, die theologisch endet (1^{12}–3^{15}). Kohelet versetzt sich fiktiv in die höchste menschliche Möglichkeit. Er ist ein hochgebildeter, technisch alles vermögender, die Welt um sich herum gestaltender, das Leben genießender Herrscher. Er erfährt es voll: Glück ist machbar. Aus dieser Position heraus fragt er nach dem Sinn. Da zeigt sich der jeden erwartende Tod. Angesichts seiner erweist sich jedes Können und Gelingen als »Windhauch«. Folgerichtig ist nur die »Verzweiflung«. Auch die Unverfügbarkeit der fremden Freiheit und vieler Faktoren, die die einzelne Situation des Lebens mitbestimmen, führen an die gleiche Grenze. Theologisch gewendet bedeutet dies, daß auch das Glück selbst schon als Gabe von Gott dem Menschen gegeben, nicht von ihm selbst mit Sicherheit hervorgebracht wird. Alles, was geschieht, ist Gottes Tun, und von Gott her ist es »vollkommen«. Das erkennt der Mensch aber nicht, da das Ganze der Welt für ihn undurchschaubar ist. Daher bleibt ihm nur, das, was ihm jeweils von Gott gegeben wird, in »Furcht Gottes« anzunehmen.

Dieses an den höchsten menschlichen Möglichkeiten abgelesene Daseinsverständnis erweist sich erst recht als richtig, wenn nun in einem *gesellschaftskritischen Teil* die Welt, wie sie wirklich ist, ins Auge gefaßt wird

[1] Für die 4. Auflage sind Einleitung und Literaturverweise überarbeitet worden. Im Kommentar selbst wurden nur Fehler berichtigt.

(3^{16}–6^{10}). Korruption der Rechtspflege, Ausbeutung der unteren Klassen, Konkurrenzkampf der vermögenden Menschen untereinander, Einsamkeit der Mächtigen, wankelmütige Volksgunst, verfilzte Beamtenbürokratie, geschäftliche Zusammenbrüche, Sklavengeschick ehemals Reicher – da kann man die Anthropologie des »Windhauchs« und der »Gottesfurcht« nur immer neu bestätigt sehen.

Die weithin angebotenen Weltdeutungen erweisen sich demgegenüber als falsch. Das zeigt der nun folgende *ideologiekritische Teil*, der im Sinn der antiken Rhetorik als *refutatio* bezeichnet werden kann (6^{11}–9^{6}). In zehn wohlausgewählten Zitaten werden die Hauptthemen der klassischen weisheitlichen Lehre vorgeführt und dann jeweils widerlegt. Am Ende geht es vor allem um das von dieser vertretene grundlegende Weltprinzip: daß gutes Handeln zu Glück und langem Leben, schlechtes zu Unglück und frühem Tod führen. Wer dieses Prinzip konkret genug durchschaue, könne durch sein Handeln seine Zukunft in die Hand bekommen und das Glück kalkulierbar maximieren. Kohelet zeigt: Die Fakten sind anders. So bleibt der Mensch darauf geworfen, im jeweiligen Augenblick zu leben und dessen Gutes oder Böses aus Gottes Hand anzunehmen, bis der Tod über ihn kommt und alles beendet. Nach dem Tod gibt es nichts mehr. An die traditionellen Verhaltensregeln wird sich der Mensch manchmal halten müssen, manchmal nicht. Allein die »Furcht Gottes« kann ihn bei der Entscheidung richtig leiten. Diese weist ihn dann, wenn es Gott für ihn gefällt, auch in die Freude hinein, und wenn das geschieht, soll man die Freude mit vollen Zügen genießen.

Angesichts des Todes sich des Lebens zu freuen ist deshalb die rahmende Weisung des letzten Teils des Buches, den man als die *Ethik* bezeichnen könnte, als *applicatio* im Sinne der antiken Rhetorik (9^{7}–12^{7}). Als innerer Rahmen, mit der Aufforderung zur Freude verbunden, steht der Aufruf zu tatkräftigem Handeln, solange die Kraft dazu da ist. Wie das möglich sei, wird im derart Umrahmten angedeutet, wobei offenbar selektiv nur solche Aspekte der Wirklichkeit zur Sprache kommen, die die klassische Weisheit nicht oder falsch beschrieb: die Rolle des Gebildeten in einer politischen Führungsstruktur, die sich eigentlich nach anderen Kriterien als denen der sachlichen Kompetenz rekrutiert, und die Sorge für den persönlichen Besitzstand innerhalb eines unübersehbar gewordenen, in die Ferne gerückten und deshalb den einzelnen auch nicht mehr wirklich tragenden Gemeinwesens.

Aus der Ethik herausgenommen ist eine Reihe von Weisungen für das religiöse Verhalten. Sie sind als eine Art Zwischenstück, das man Kohelets *Religionskritik* nennen könnte, mitten in die Gesellschaftskritik eingesetzt (4^{17}–5^{6}). Hier werden Erscheinungsformen einer emsigen, aber unernsthaften Religiosität kritisiert. Ihnen wird die wirkliche »Gottesfurcht« entgegengesetzt.

Das Buch als ganzes gibt sich nicht als von Kohelet verfaßt. Im Rahmen (1^{1f} und 12^{8}) und einmal auch mitten im Buch, an einer der schwierigsten Stellen (7^{27}), spricht vielmehr die Stimme eines sich nicht weiter identifizierenden *Buchverfassers*, der die dann das Buch füllenden Texte Kohelets dem Leser präsentiert. Diese Stimme tritt – bei synchroner Lektüre – am Ende des Buches in den Vordergrund und formuliert *zwei Nachträge*, welche die für viele Leser offenbar befremdlichen Gedanken Kohelets verteidigen und ein wenig auf Rechtgläubigkeit hin interpretieren. Entstehungsgeschichtlich sind das wohl später hinzugefügte Nachträge, die dem Buch Hilfestellung geben wollten.

2. *Auslegungsgeschichte.* Doch ist ihnen das anscheinend nicht überzeugend gelungen. Für viele fromme Gemüter ist Koh stets unbehaglich geblieben. Schon die ersten antiken Abschreiber und Übersetzer haben Kanten des Texts, die ihr Gefühl für Orthodoxie und Orthopraxie verletzten, rundgeschliffen. Als der jüdische Kanon bereits festlag, scheint unter den Rabbinen nochmals eine Diskussion darüber aufgekommen zu sein, ob Koh wirklich zu den heiligen Büchern gehört. Die jüdischen und die christlichen Ausleger gleichermaßen haben es lange Zeit mit hoher Intelligenz verstanden, das Buch an vielen Stellen genau das Gegenteil dessen sagen zu lassen, was mit klaren Worten darin stand. Erst Samuel ben Meir jüdischerseits und Martin Luther christlicherseits (Bindeglied: Nikolaus von Lyra) haben ein neues Bemühen um die unverdeckt eigene Botschaft des Buches begonnen. Was sie in Gang setzten, ist kaum schon am Ziel. Und was hilft es, wenn ein moderner Kommentator, hierin keineswegs allein, am Ende seines durchaus einfühlsamen Kommentars das Ganze mit negativem Vorzeichen versieht und sagt, hier gebe es nur noch einige »starr gewordene Wahrheiten«, das AT sei »im Begriff, sich totzulaufen«, und insofern sei Koh seine »erschütterndste messianische Weissagung« (H. W. Hertzberg)? Das ist dialektisches Spiel. Es läuft darauf hinaus, nicht nur die Kanonizität des Buchs Koh, sondern seinetwegen die des ganzen Alten Testaments in Frage zu stellen.

Wenn man sich also so früh und kräftig gegen das Buch gewehrt hat und sich, seitdem es sein wahres Gesicht wieder zeigen darf, abermals wehrt, dann ist es um so erstaunlicher, daß Koh vorher einmal in den Kanon gelangte. Das führt zu Fragen an seinen Inhalt, aber auch an die historischen Umstände. Mit ihnen, weil sie vielleicht manches verdeutlichen, sei begonnen. Das Buch Koh muß zumindest in seiner Entstehungszeit drängenden Fragen und Bedürfnissen der atl Gemeinde entsprochen haben. Sein Verfasser muß ein Mann gewesen sein, der sich Gehör zu verschaffen wußte. Es muß Autoritäten gegeben haben, die die offizielle Rezeption des Buchs durchsetzten.

3. *Entstehungszeit und -raum.* Aus welcher Zeit stammt Koh? Man hat manchmal versucht, das Buch Koh früh zu datieren, da es sehr alte Parallelen gibt, vor allem einen Text aus dem altbabylonischen Gilgameschepos (vgl. zu 9^{7-9}). Aber es handelt sich in solchen Fällen wohl um in der ganzen Welt verbreitete Motive, die man für eine Datierung nicht heranziehen kann. Das Gilgameschepos kann – auch in Israel – noch lange bekannt gewesen sein. So bleiben für die Zeitbestimmung vor allem der Sprachcharakter und die Problemlage, in die das Buch hineinspricht.

Sprachlich muß man das Buch so spät wie möglich ansetzen. Sein Hebräisch nähert sich schon dem der Mischna. Andererseits setzt das Buch Jesus Sirach das Buch Koh voraus. Sir dürfte zwischen 190 und 180 v. Chr. verfaßt worden sein.

Die *Problemlage* der makkabäischen Erhebung und der mit ihr verbundenen geistigen Wende spiegelt sich in Koh noch nicht, eher das offene Weltbürgertum der *Ptolemäerzeit.* Im 3. Jahrhundert gehörte der kleine Tempelstaat »Judaia« (Hauptstadt: Jerusalem) als Teil der Provinz »Syrien und Phönizien« zum ptolemäischen Reich (Hauptstadt« Alexandrien). Er hatte weitgehende Selbstverwaltung. Man lebte nach den Geset-

zen der Väter. Viele Juden wohnten auch in den anderen Teilen Palästinas, dazu in Ägypten, vor allem in Alexandria. Die Oberschicht im ganzen Reich war griechisch oder war dabei, sich zu *gräzisieren.* Griechische Militärpräsenz und Zivilverwaltung gab es auch in Judäa selbst. Die Steuern zahlte man dort teilweise an den Tempel (der selbst einen Tribut an den König ablieferte), zum Teil direkt an die Zentralregierung. Auch die führenden Familien der Oberschicht von Jerusalem waren in ihrer Integration in die Führungsschicht des Reichs interessiert. Entscheidende Prestigesymbole waren griechische Sprache und griechischer Lebensstil. Der machtabgestützte hellenistische Kulturdruck muß damals überwältigend gewesen sein. Lernwillig und anpassungsfähig öffnete man sich ihm. Man übernahm Geschäftspraktiken, politische Rituale und Lebensart. Vor allem lernte man Griechisch und ließ seine Kinder griechisch erziehen. Das geschah vielleicht zunächst nur durch griechische Hauslehrer. Doch ist vermutlich im 3. Jahrhundert in Jerusalem auch schon eine private griechische Elementarschule aufgemacht worden. Sie trat natürlich in Konkurrenz zur hebräischen Schule am Tempel. Dort lernte man damals wohl am Buch der Spr Lesen und Schreiben, dann las man in den heiligen Büchern, vor allem in der Tora. In griechischen Elementarschulen wurde damals zunächst der ganze Homer gelesen, dann folgten Hesiod, Lyriker und Dramatiker (vor allem Euripides).
Die Konkurrenz der Bildungssysteme war das sichtbare Zeichen einer viel tieferen Auseinandersetzung zwischen zwei ganzen Sinnwelten. Dabei war die traditionelle israelitische nicht nur deshalb in einer schwierigen Lage, weil die Macht nicht mehr auf ihrer Seite war. Sie befand sich sowieso schon in einer *eigenen Krise.* Diese hing mit dem Wandel der wirtschaftlichen und gesellschaftlichen Verhältnisse in Judäa zusammen. Die alte »Weisheit« Israels und ebenfalls der Grundbestand der Tora waren auf eine überschaubare, bäuerlich-kleinstädtische, »segmentäre« Gesellschaft hin formuliert. Sippe und Ortsgemeinde waren die bergenden Größen gewesen. Zwischen den einzelnen Familien hatte in Besitzstand und gesellschaftlicher Position kein allzu großes Gefälle geherrscht, denn das Land war gleichmäßig verteilt. Das hatte sich ein erstes Mal in der Königszeit verändert. Damals bremsten einerseits die Propheten, andererseits die politischen Katastrophen die Entwicklung. Nach der Rückkehr aus dem Exil vollzog sich in Judäa abermals der gleiche Prozeß. Im 5. Jahrhundert unterbrach Nehemia durch eine Reform, die in manchem mit der des Solon in Athen vergleichbar ist, die Akkumulierung des Landbesitzes in wenigen Händen und sicherte so die Weiterexistenz kleinerer freier Bauern. Im 3. Jahrhundert kam es aber offensichtlich wieder zu häufigerer Verknechtung, voller Enteignung, ja Versklavung von Bauern, vor allem im Gefolge des erheblichen alexandrinischen Steuerdrucks. Dem entsprach eine unglaubliche Bereicherung weniger hochgestiegener Familien und der höheren Priesterschaft. Denn die Oberschicht war durch das System der staatlichen Abgabenverpachtung an Privatleute an der staatlichen Konzentration des Reichtums beteiligt. Vgl. den Kommentar zu 5^{7f}. Innerhalb dieser Schicht konnte man schnell hochsteigen, aber auch tief fallen. So setzte sich die kosmopolitische, kapitalgesteuerte, staatlich administrierte, horizontal geschichtete, für den einzelnen durchlässigere, ihn aber auch viel stärker isolierende antike Klassengesellschaft auch in Judäa immer mehr durch. In ihr griff aber die alte Theoretisierung des Lebens,

wie sie etwa in Spr vorlag, nicht mehr. Vieles dort Definierte gab es nicht mehr. Ihren Klugheitsregeln zu folgen, konnte jetzt oft unklug sein. In dieser Situation war nun die konkurrierende Sinnwelt des Hellenismus nicht nur Gegner, sondern zugleich so etwas wie ein *Hilfsangebot.* Denn sie hatte analoge Prozesse schon hinter sich und war auf das, was sich jetzt als Wirklichkeit in Judäa durchsetzte, schon ganz anders abgestimmt. Mußte man da nicht überlaufen?

4) *Modellfall von Inkulturation.* Das Buch Koh kann nur verstanden werden als Versuch, so viel wie möglich von der griechischen Weltdeutung zu gewinnen, ohne daß dabei die israelitische Weisheit doch ihren Eigenstand aufgeben mußte. Denn in ihm ist einerseits die alte Weisheit Israels (ja des Orients) selbstverständlicher Hintergrund, inhaltlich wie formal. Andererseits wird von der neuen Wirklichkeit her gesprochen, so wie sie nun einmal jetzt da ist, und die Inspiration kommt ersichtlich von der *griechischen Bildung* her. Damit keine Mißverständnisse aufkommen: Wir verbinden mit dem Wort »griechische Bildung« neben Homer vor allem Namen wie Aischylos und Sophokles unter den Dramatikern, Plato und Aristoteles unter den Philosophen. Damals las man, wie schon oben bemerkt, andere Autoren an den Schulen, »modernere« als die großen alten Tragiker, und die Marktplätze waren vor allem beherrscht von den Popularphilosophen kynischen, kyrenäischen und skeptischen, ja dann auch epikuräischen und stoischen Zuschnitts. Diese damals real bildungsbestimmenden Autoren sind auch, durch viele Indizien nachweisbar, die Ideen- und Sprachlieferanten des Buchs Koh.

5) *Sprachliche Gestalt.* Allerdings wird in ihm nie einfach übernommen. Es ist ja auch bewußt nicht im prestigegesättigten Griechisch, sondern in der alten eigenen Erziehungssprache *Hebräisch* (im Alltag sprach man aramäisch!) geschrieben. Nur: In was für einem Hebräisch! Es ist völlig neu gegenüber der zugleich ausgewogenen und prunkvollen, klassisch einfachen Sprache der Spr, auch jener der Psalmen, der Tora, der geschichtlichen und prophetischen Bücher. Hier hat jemand dem Volk, das aramäisch spricht, aufs Maul geschaut. Philosophische Begriffe hat er von der Kaufmannssprache her entwickelt. Griechische Syntax und Stereotypen der griechischen Bildungssprache schlagen im Hebräischen durch wie heute bei uns Elemente des Englischen im Bildungsjargon vieler Intellektueller. Aber dadurch hat die Sprache selbst wieder Wirklichkeitsbezug, und mit diesem Medium lassen sich dann auch *neue literarische Formen* entwickeln. Basis ist das aus semitischen Wurzeln stammende, aber dann von dem Kyniker Menippos von Gadara entwickelte ποικιλόμετρον, die Mischung von Prosa mit Versen verschiedenster Metra. Da gibt es vor allem eine bisher in Israel unbekannte philosophische Prosa: Beobachtungen aneinanderreihend, Gedankengänge Schritt für Schritt entwickelnd, Motive liegenlassend und wieder aufgreifend, alt-heilige Sprachmünzen kommentierend, neu-glänzende prägend, und zwar so, daß sie den alten ähneln und sich doch als neu erweisen. Dann aber auch eine neue Poesie, in die die Sprache sich aus der Prosa fast ohne Anstrengung erheben kann und deren Leistung darin besteht, daß die klassischen poetischen Kunstgriffe wie Parallelismus, Assonanzen und Reime, Stichwortchiasmen und Strophenkonstruktion nur noch Elemente niederen Grades sind, die Form- und Inhaltserwartungen klassischer Art erzeugen, damit sie schließlich doch nicht erfüllt werden, sondern gerade in Spannung zu ihnen dann erst

das definitive Aussagegefüge aufgebaut wird. Das ganze Buch durchzieht eine *Leitworttechnik*, die ihresgleichen im alten Orient sucht. Sie bewirkt, daß alles mit allem in einem geheimnisvollen Netz verknüpft ist und alle Ausleger, die einen einlinigen Gedankenfortschritt suchen, sich in dieser subtileren Sprachwelt rettungslos verheddern. Dennoch hat das Ganze seine Fügung. Es besteht keineswegs nur aus sekundär aneinandergehängten »Sentenzen«.

6. *Bau des Buches.* Einerseits wird man an die Konstruktionsprinzipien der damals gerade bei den Kynikern entwickelten Form der *philosophischen Diatribe* erinnert, mit ihrer ganz auf Wirkung und Bekehrung abgestimmten Redepragmatik. Die vorn gegebene Inhaltsübersicht läßt eine ausgesprochene inhaltliche Dynamik erkennen. Relativ früh steht nach einigen Schockoperationen die Hauptthese deutlich da. Dann wird sie vertieft, verteidigt, in die Lebenspraxis verlängert.

1^{2-11}	Einstieg (Thesen, Fragen, ein Kosmosbild als Hintergrund)
$1^{12}-3^{15}$	Narrative Einführung in die vor allem anthropologische Hauptthese
$3^{16}-6^{10}$	Vertiefung durch viele Einzelzugänge aus der sozialen Erfahrung
$6^{11}-9^{6}$	*Refutatio* entgegenstehender Auffassungen, vor allen der älteren Weisheit
$9^{7}-12^{8}$	*Applicatio* durch konkrete Weisungen für das Weltverhalten

Andererseits ist aber das Mittel chiastischer Vorankündigungen und vor allem das Prinzip der *symmetrischen Anordnung der Stoffmassen,* ein Erbe der immer auch auf Ausgewogenheit bedachten semitischen Rhetorik, nicht preisgegeben. Wiederum im Anschluß an die schon gegebene Inhaltsübersicht sei auch dies ein wenig verdeutlicht. Die logisch und rhetorisch überzeugende Folge der Teile des Buches entspricht griechischem Empfinden. Doch die »Religionskritik« steht, von dort aus geurteilt, an der falschen Stelle. Sie bildet nämlich, nun semitisch empfunden, das Zentrum einer gleichzeitig vorhandenen palindromischen Gesamtkonstruktion, die sich folgendermaßen nachzeichnen läßt:

1^{2f}	Rahmen				
1^{4-11}		Kosmologie (Gedicht)			
$1^{12}-3^{15}$			Anthropologie		
$3^{16}-4^{16}$				Gesellschaftskritik I	
$4^{17}-5^{6}$					Religionskritik (Gedicht)
$5^{7}-6^{10}$				Gesellschaftskritik II	
$6^{11}-9^{6}$			Ideologiekritik		
$9^{7}-12^{7}$		Ethik (am Ende: Gedicht)			
12^{8}	Rahmen				

Dieses fast spielerisch hingeworfene Zugleich von Diatribe und Palindromie zeigt höchstes gestalterisches Können ebenso wie den festen Willen, bei aller Offenheit zum Griechischen das eigene Erbe nicht preiszugeben. Das gilt von der Form, und es gilt von der Botschaft.

7. *Der israelitische Gehalt.* Denn so nah man sich beim Lesen oft den Dichtern des ephemeren Lebensgefühls oder auch irgendwelchen vielleicht wegen Atheismus sogar aus ihrer griechischen Polis verjagten Kyrenäern, Empirikern oder Skeptikern empfinden mag, so unhebräisch das Bild vom ewigen und herrlich kreisenden Kosmos am Anfang des Buches erscheint –

so selbstverständlich ist zugleich die *Theozentrik* dieses Buches, die Gottes Souveränität und seine alles menschliche Geschehen bestimmende Tätigkeit radikaler konzipiert als jede bisherige israelitische Weisheitsschrift, so selbstverständlich ist es auch, daß das Beispiel gelingenden menschlichen Glücks einem »König über Israel in Jerusalem« zugeteilt wird. Das Ijobbuch mußte wohl die menschliche Allgemeingültigkeit von Israels Weisheit behaupten und machte deshalb einen Nichtisraeliten zu seinem Helden. Hier hat die umgekehrte Bewegung stattgefunden, und so ist auch anzunehmen, daß diejenigen modernen Interpreten, die Kohelets Gott ein »Fatum«, einen »Despoten« oder einen »Urhebergott« nennen, die wahre Gesprächssituation des Buches völlig verkennen. Das Neue und auch Notwendige soll angeeignet werden – aber doch so, daß es nicht nötig ist, die Kinder in eine griechische Schule zu schicken. So, daß auch die kommenden Generationen noch in den Tempel gehen, und zwar nicht so sehr, um Opfer darzubringen (das tun auch die Heiden), sondern um zuzuhören, wenn aus Tora und Propheten vorgelesen wird, und in der *Furcht Gottes* zu wachsen. Das ist im Zentrum des Buches zu lesen. Es zeigt, was es wollte.

Ob, was es wollte, gelang, ist eine andere Frage. Faktisch nahm die hellenisierende Tendenz in der Oberschicht dennoch zu. Sie löste schließlich als Gegenwirkung die makkabäischen Aufstände aus. Im Endeffekt wird die jüdische Identität durch militärische Gewalt und nationale Abkapselung gerettet, wenigstens damals, und nicht durch jenen vorauslaufenden Versuch geistiger Bewältigung. Wir wissen auch nicht, wie das Buch Koh faktisch in seinen ersten Jahren wirkte. Hat es gegen seine eigene Absicht den Hellenisierungsprozeß gefördert, weil es nicht schlechthin verdammte? Oder hat es doch vielen einen Weg gezeigt, modern und realistisch zu sein, ohne dabei die eigene Identität preisgeben zu müssen? Wir werden das niemals klären können. Hier ging es zunächst um die Einsicht, daß das Buch Koh eine Sache betrieb, die in der jüdischen Welt des 3. Jahrhunderts den Theorieverwaltern Israels als wichtigste aufgegeben war. Auf dieses Unternehmen wartete man. Natürlich brauchte es eine Schriftstellerpersönlichkeit, die so etwas konnte.

8. *Der Verfasser.* Da das Buch Kohelet sich gar nicht als von einem Mann namens »Kohelet« geschrieben präsentiert, sondern nur seine Worte referiert, liegt die Frage nicht fern, ob es sich überhaupt um eine historische Persönlichkeit handele. Vielleicht ist »Kohelet« eine fiktive Philosophengestalt. Auch die Nachrichten über ihn im 1. Nachwort könnten natürlich fiktiv sein. Doch es scheint, daß dieses 1. Nachwort nicht vom Buchverfasser selbst stammt, und dann ist damit zu rechnen, daß es sich tatsächlich auf Fakten stützt. Es hat »Kohelet« also gegeben. Doch dürfte »Kohelet« kaum sein richtiger *Name* gewesen sein. Eher war das ein Deckname oder Spitzname. Derartiges gab es damals. In Alexandria wurde zur gleichen Zeit der Kyrenäer Hegesias der Πεισιθάνατος, der »Selbstmordempfehler« genannt. Die wahrscheinlichste Deutung von *qōhælæt* ist »Versammler«, »Versammlungsleiter«. Aber Leiter welcher Versammlung? Nichts im Buch spricht für die (politische) Volksversammlung, die damals vielleicht hin und wieder zusammentrat und als *qāhāl* bezeichnet werden konnte. Noch weniger für die ebenso benennbare kultische Gemeinde. Das dem hebräischen *qāhāl* »Versammlung« entsprechende griechische Wort ἐκκλησία bezeichnete bisweilen auch philosophische Zirkel, und ein

ἐκκλησιάστης = *qōhælæt* könnte dann auch Gründer und Leiter eines solchen Kreises gewesen sein.

In der Tat entstanden damals Bücher wie das Buch Koh kaum als rein literarische Arbeiten, sondern eher im Zusammenhang mit einer Lehr- und Erziehungstätigkeit. Andererseits sind Inhalt und Gestalt von Koh so geartet, daß man sich seine Entstehung kaum im Rahmen des wohlgeregelten, seit Jahrhunderten inhaltlich festliegenden, vollausgeleuchteten Schulbetriebs am Tempel vorstellen kann. Die Adressaten erhalten auch nicht den dort üblichen Titel »mein Sohn«. Eine besondere Rücksichtnahme auf eine spätere priesterliche Tätigkeit der Schüler oder auf beruflichen Umgang mit der Tora ist nicht zu erkennen. Die Abrechnung mit der bisherigen Bildungstradition, wie sie im ideologiekritischen Teil geschieht, ist ferner recht offenherzig. Das führt von selbst in einen halbdunklen Grenzbereich des offiziellen Bildungswesens, an den Rand des traditionellen Schulsystems. Im 1. Nachwort des Buchs steht, Kohelet sei nicht nur ein *ḥākām* gewesem, sondern habe überdies dem *'am,* dem »Volk«, Kenntnisse beigebracht (12[9]). *ḥākām* kann einfach »Gebildeter«, »Gelehrter« heißen, kann aber auch den Lehrer an der Schule meinen. War Kohelet also ursprünglich oder auch immer Lehrer an der Tempelschule? Was tat er dann aber »überdies«? Vielleicht hat er so oder so neuen Gruppen aus den unteren Klassen den Zugang zur Bildung eröffnet. Das war später ein Programmpunkt der pharisäischen Partei. Aber damit tragen wir vermutlich eine Problematik des 2. und 1. Jahrhunderts ins 3. Jahrhundert zurück. Wahrscheinlicher in unserem Zusammenhang ist, daß Kohelet seine Lehre nach Art der griechischen *Wanderphilosophen* auf dem Marktplatz öffentlich (= dem »Volk«) angeboten hat. Das muß dann in Jerusalem etwas Neues gewesen sein und hat Aufsehen erregt. Es entstand ein Schülerkreis um ihn herum, und von ihm her bekam er den Namen *qōhælæt.* Mit diesem hat er oder sein Herausgeber in dem Buch, das seine Lehre zusammenfaßte, später kokettiert.

Jemand, der so etwas in Jerusalem fertigbrachte, muß nicht nur ein (vermutlich weitgereister) Mensch mit breiter Bildung und hoher geistiger und sprachlicher Begabung gewesen sein, sondern auch eine Persönlichkeit von starkem Durchsetzungsvermögen. Manches erklärt sich nochmals leichter, wenn wir annehmen, daß er aus einer *mächtigen Familie* stammte. Dann war er einer von denen, denen man Eskapaden nicht ohne weiteres verbieten konnte. Wenn die im folgenden zaghaft entwickelte Hypothese über den auf jeden Fall erstaunlichen Weg des Buchs in den Kanon zutreffen sollte, müßte er sogar aus einer jener priesterlichen Familien gekommen sein, die an der Tempelschule das Sagen hatten. Denn maßgebende Leute von dort müssen sich später einmal für ihn stark gemacht haben.

9. *Das Buch Kohelet und der Kanon.* Über den Weg des Buchs in den Kanon lassen sich nur Vermutungen anstellen. Am besten geht man von folgendem aus: Als etwa ein Jahrhundert nach Kohelet die Idee eines Kanons heiliger Schriften aufkam, ging es wahrscheinlich gar nicht um die Sammlung »inspirierter« Schriften, wie man sich das dann später vorstellte, auch wenn man bei den prophetischen Schriften (auch Mose und David galten als Propheten) natürlich mit »Inspiration« rechnete. Wahrscheinlich benötigte man schlicht eine *Anschaffungsliste für gute Synagogenbibliotheken.* Um sie zu gewinnen, überprüfte man auch nicht einzelne Bücher nach abstrakten Kriterien – etwa Rechtgläubigkeit oder Abfassung durch be-

rühmte Autoren oder vor einem bestimmten Stichdatum. Vielmehr nahm man einfach die Bücher in den Musterkatalog auf, die im Tempel und in wohlausgestatteten Synagogen für die dort praktizierten Tätigkeiten schon im Gebrauch waren. Diese Tätigkeiten waren aber nicht nur gottesdienstlicher und rechtspflegerischer Art, sondern umfaßten auch schulische Erziehung. Daher dürften die in der Jerusalemer Tempelschule und in den ihr analog arbeitenden Synagogenschulen benutzten *Schulbücher* wie von selbst in den Kanon geraten sein. Unter ihnen aber muß sich damals das Buch Koh befunden haben. Die wirkliche Frage ist dann: Wie wurde Koh Schulbuch in Jerusalem?

Am einfachsten dürfte die Annahme sein, daß die Tempelschule bald nach Kohelets Zeit unter immer größeren Druck geriet, sich zu modernisieren, das heißt sich der griechischen Erziehung zu öffnen. Die Gründung einer griechischen Elementarschule und die Drohung, bald auch ein griechisches Gymnasium aufzumachen (was 175 v. Chr. tatsächlich geschah und dann die makkabäische Erhebung mitauslöste), muß sich in Abwanderung von Schülern und in der Befürchtung immer größerer Abwanderung ausgewirkt haben. Vielleicht haben manche Eltern Ultimaten gestellt. In solchen Situationen gibt es nur einen Ausweg: den in vielem ja auch berechtigten Forderungen nachgeben, aber doch so, daß man dabei die eigene Identität nicht preisgibt. Die Kompromißformel war – die Einführung des schon existierenden Buchs Koh als *Lehrbuch.* Koh war »modern«, stammte aber von einem Mann aus den eigenen Reihen und war hebräisch geschrieben. Die Diskussion im Lehrkörper um die Einführung des Buchs als Schulbuch dürfte sich im Buch selbst niedergeschlagen haben. Die bisherigen Lehrbücher – Spr mit seinen verschiedenen Sammlungen und vielleicht auch Hld – stammten von Salomo oder anderen weisen Königen der Vorzeit. Daher wurde Koh eine Überschrift vorangestellt, die auch das neue Lehrbuch mehr schlecht als recht zu einem »salomonischen« Buch machte. Ferner wurde das *1. Nachwort* hinzugefügt. Ausdrücklich hebt es nur die Bedeutung Kohelets heraus und macht deutlich, daß das Buch zu den weisheitlichen Sammlungen gerechnet werden muß. In der damaligen Situation wird das aber bedeutet haben, daß es als Lehrbuch eingeführt wurde. Vermutlich benutzte man Spr weiter als erstes Lehrbuch und Koh dann erst auf einer späteren Stufe.

Das bald darauf verfaßte *Buch Jesus Sirach* könnte der Versuch gewesen sein, die auch nach der Einführung von Koh nicht befriedigenden Lehrbuchverhältnisse radikaler und ganz neu zu klären. Es spiegelt aber schon eine neue Phase der Entwicklung. Denn es will nicht nur Spr und Koh in einem einzigen Wurf ersetzen, sondern bezieht die Bildung Israels auch in einem bisher unerhörten Ausmaß direkt auf Gesetz und Propheten. Da bahnt sich schon im intellektuellen Zentrum Jerusalems selbst die neue Rückbesinnung auf die eigene, religiöse Tradition an, die bewußt in Opposition zu hellenisierenden Tendenzen geht. Ein wichtiger Mann für diese Wandlung mag der Hohepriester Simeon ben Johanan gewesen sein, der am Ende von Sir über die Maßen gepriesen wird. Der Plan zu einer Studienreform, die so radikal war, daß alle bisherigen Schulbücher ersetzt werden sollten, muß von höchster Stelle abgesegnet gewesen sein. Ob Sir wirklich als Lehrbuch eingeführt wurde, ist nicht klar. Zumindest wurden Spr und Koh nicht abgelöst. Äußere Ereignisse werden auch noch dazwischengekommen sein. Jason, der zweite Sohn Simeons, wurde zum Exponenten der radikal hellenistischen Partei. Dann geriet die ganze Familie in den Strudel der Ereignisse, die zum Makkabäeraufstand führten, und ging darin unter. Dem Buch Jesus Sirach stand von da ab wohl auch seine starke Bezugnahme auf diese wohlgehaßte Familie im Weg. Wie dem auch sei – aus der Zeit der Diskussionen darüber, ob man das neue Lehrbuch schaffen solle, mag das *2. Nachwort* von Koh stammen. Es wiegelt vielleicht sogar die Schüler (Anrede: »mein Sohn«) gegen den Plan auf, neue Lehrbücher abzufassen. Sie würden nur die Menge des Lehrstoffs vermehren. Zugleich verteidigt es die Rechtgläubigkeit des Buchs, die zweifellos von den Vorkämpfern einer stärker traditionsorientierten Studienreform in Frage gestellt wurde, indem es schon Koh die vorgesehene Leitidee des neuen Lehrbuchs Sir unterschiebt: »Gott fürchten und auf seine Gebote achten.« Um die empfindlichste Stelle von Koh gegen Kritik abzusichern, wurde gleichzeitig in 11^9 noch ein Zusatz angebracht.

10. *Zur Gattung des Buches.* Ordnet sich das Buch Koh für den Betrachter erst einmal in diese (oder doch sehr ähnliche) historischen Umstände ein, dann wird manches, was vorher Anstoß erregte, verständlich, vor allem auch all das, was man in ihm zu vermissen pflegt. Es ist ein Buch aus dem Bereich der Bildungsarbeit, genauer: der revidierenden Weiterbildung. Es setzt als selbstverständlich voraus, daß die Adressaten sich im Tempel Tora und Propheten anhören, ja daß sie auch die ältere Weisheit kennengelernt haben. Anders könnte es ja nicht so deutlich auf die Anfangskapitel der Genesis anspielen, Ratschläge des Deuteronomiums übernehmen und so vieles übergehen, was unverändert gut in den Spr formuliert war. Es mag selbst andere Weisen der Vermittlung zur griechischen Welt neben sich wissen und ihnen manches überlassen können. Etwa die narrative Reflexion über die Möglichkeit gläubig-jüdischer Existenz im höchsten Milieu eines strukturell antigöttlichen Weltreichs, die damals der Verfasser der Danielslegenden leistete. Oder die apologetisch-missionarische Vermittlung der biblischen Urgeschichte und der Geschichte Abrahams an die griechische Intellektuellenwelt, die zur gleichen Zeit – natürlich in griechischer Sprache – der bei Eusebius in Fragmenten unter dem falschen Namen Eupolemos erhaltene samaritanische Anonymus vornahm. Es wendet sich ferner nur an eine bestimmte Altersgruppe aus einer bestimmten gesellschaftlichen Schicht, nicht an alle. Die konkreten Handlungsanweisungen sind auf den speziellen Ort dieser Adressaten innerhalb einer von ihnen und von Jerusalem aus kaum zu beeinflussenden Gesamtsituation ausgerichtet. Es weiß zwar, daß Gott den Menschen rechtschaffen wollte, nennt das Böse seiner Welt ohne Angst beim Namen, ist auch durchweht von Hunger nach Gerechtigkeit und Glück, aber es entwickelt dann doch keine revolutionäre Utopie, sondern deutet verhalten einige politisch-ökonomische Optionen an und versucht sonst nur, dem einzelnen zu zeigen, wie er einige vernünftige Schritte tun kann. Es ist das *Buch eines Lehrers und Denkers,* nicht eines Propheten oder Guerilleros.

Es tritt überdies außerordentlich zurückhaltend auf. Die literarische Gestalt der Rahmenerzählung, innerhalb deren Kohelet selbst überhaupt erst zu Worte kommt, schafft eine Distanz zu dessen Aussagen, die sonst nicht möglich wäre. Der Buchverfasser selbst behauptet nichts. Er berichtet nur, was ein anderer gedacht und gesagt hat. Und dieser selbst stellt ebenfalls nicht einfach Thesen auf. Auch er erzählt wieder. Er legt seine Erfahrungen vor und zeigt, wie er durch sie zu seinen Ansichten kam. Oft stellt er nur Fragen. Ja, eine Zeitlang spielt er einen andern, den sagenhaften Salomo. Das sind alles Techniken, die *dem Leser die Freiheit geben,* selbst mitzudenken und eigene Stellung zu beziehen.

11. *Kohelets Philosophie.* Es gibt sogar eine noch tiefer reichende Relativität der Aussage. Sie steckt in der eigentlichen »Philosophie« des Buches. Im modernen Denken ist dieser Philosophie die *Existenzphilosophie* erstaunlich verwandt. Diese hat aber eine durchaus vergleichbare gesellschaftliche Ausgangslage: die im vorigen und in der ersten Hälfte dieses Jahrhunderts immer deutlicher werdende Auflösung der europäischen segmentären Strukturen, horizontale Klassenbildung, wachsende Vereinzelung und Bindungslosigkeit des Individuums in der immer technischeren und internationaleren Gesellschaft. Sie entstand auch eher im Bürgertum als bei den armen Leuten. Kohelet hätte in seiner Welt auch anderen philosophischen Schulen des Griechentums begegnen können. Daß gerade die Popularphilosophie so stark zu ihm gesprochen hat, mag nicht nur daran liegen, daß sie in der Tat damals auf dem intellektuellen Markt am lautstärksten war. Ihr Ansatz entsprach auch am meisten der durch den damaligen gesellschaftlichen Wandel gegebenen Hilflosigkeit des einzelnen in einer nicht mehr überschaubaren Wirklichkeit.

Wie allerdings die bedeutenderen modernen Existenzphilosophen nicht nur Funktion einer »existentialistischen« Grundstimmung waren, sondern Werke verfaßten, deren Analysen bleiben und entweder wahr oder falsch sind, ist auch Kohelet nach aller Einsicht in seine Bedingtheit auf Wahr oder Falsch, auf sein Bleibendes befragbar. Vielleicht war eine bestimmte Stimmungslage notwendig, damit in Israel Einsichten wie die seinen durchbrechen konnten. Aber, einmal gewonnen, stehen sie in sich. Das Buch Koh als der *deutlichste Ort der Begegnung Israels mit griechischer Philosophie innerhalb der Bibel* ist – und dies quer zur Unterscheidung der beiden Testamente – für den Theologen vor allem einmal die im Schriftkanon selbst verankerte Aufforderung zur ungekürzten Anstrengung des Begriffs hinsichtlich jeglichen christlichen Redens. Das sei ein wenig verdeutlicht.

Kohelet analysiert das menschliche *Dasein* als Sein in der nur im gleitenden Jetzt gegebenen und im Tod für den einzelnen beendeten *Zeit.* Es ist als *Glück* erfahrbar. Es ist mehr als Versinken ins Nichts, weil es in seiner je eigenen Gestalt aus der Ewigkeit des welttranszendenten, aber in allem Geschehen ausnahmslos wirkenden *Gottes* entspringt. Sein Tun ist vollkommen. Er *richtet* auch das Böse. Doch der Mensch kann das Handeln Gottes *nicht durchschauen,* so daß er es als unberechenbar und amoralisch erfährt. Er weiß zwar, daß es umfassenden Sinn gibt, aber nicht er verfügt über ihn, sondern nur Gott. Er selbst kann sich nur dem anvertrauen, was im jeweiligen *Augenblick* von Gott her auf ihn zukommt.

12. *Das Buch Kohelet als theologische Herausforderung.* Ist das wahr, dann entstehen sehr tiefgreifende hermeneutische Probleme für das normalerweise in der Bibel übliche Reden von Gott und von seinem Handeln in der Welt, vor allem für alles Reden, das man als *»heilsgeschichtlich«* zu bezeichnen pflegt. Zwar wäre es falsch, Kohelets wegen nun nicht mehr vom Handeln Gottes in der Geschichte, von der Erwählung eines Volks, von persönlicher Beziehung zu Gott, von Gottes weitersagbarem Willen und verheißener Zukunft zu sprechen. Aber solches Sprechen muß sich selbst zugleich so verstehen, daß es hinter die *radikale Gott-Welt-Metaphysik* Kohelets nicht zurückfällt und mythologisch wird. Wo dieses Sprechen

theologisch expliziert wird, muß es auch möglich sein, darüber begrifflich Rechenschaft abzulegen. Die großen Theologen haben dies, wenn auch von anderen Systemen, sei es der griechischen, sei es der neuzeitlichen Philosophie, ausgehend, auch stets als ihre Aufgabe angesehen. Wenn man, wie es unter Exegeten Mode geworden ist, Kohelet im Namen der restlichen Bibel mit Etiketten wie »kein persönlicher Gott«, »Leugnung der menschlichen Freiheit«, »Abfall vom heilsgeschichtlichen Denken«, »Verlust des Vertrauens zum Leben« versieht, flüchtet man vor dem Anspruch, der durch dieses Buch ans Denken gestellt wird, und setzt sich dabei der Gefahr aus, das, was man zu verteidigen glaubt, selbst sogar falsch zu verstehen.

Zur radikalen Gott-Welt-Lehre tritt die *radikale Diesseitigkeit* des Buchs. Kohelet hat sie zwar mit fast dem ganzen AT gemein. Doch gab es, vor allem durch die Vorstellung von der Unterwelt als einem Ort schattenhafter Weiterexistenz, die durch Gedenken der Lebenden und durch Totenopfer gefördert werden könnte, geheime Verschleierungen. Aus dem griechischen Raum drang die Unsterblichkeitslehre platonischen Typs vor und wertete die gesamte materielle Wirklichkeit ab. Apokalyptische Erwartungen, die damals anfingen und die Kohelet durchaus ansprach, konnten, wenn ihre Bildwelt real genommen wurde, ebenfalls den Ernst der Todesgrenze in Frage stellen. Demgegenüber hat Kohelet, auch hierin der Popularphilosophie folgend, den Endcharakter des Tods scharf herausgestellt. Es gibt, von den letzten Büchern des AT und vom NT her, ein legitimes christliches Sprechen vom Jenseits. Doch dürfte Kohelet dadurch nicht einfach ins Unrecht gesetzt sein. Der Tod bleibt das vollständige Ende des in der gleitenden Zeit lebenden Menschen. Christliche Hoffnung aufs Jenseits muß so sein, daß der Endcharakter des Tods nicht verschleiert wird und weiter alles für den Menschen an diesem Leben hängt. Die mittelalterliche Theologie hat dies gesichert durch die Unterscheidung von *status viae* und *status termini.* Diese besagt, daß mit dem Tod die irdische Zeit mit den immer offenen Möglichkeiten des jeweils nächsten Augenblicks schlechthin beendet ist. Jenes andere Leben, das der Mensch bei Gott zu finden vertraut, kann nur als Frucht oder Versammlung und Endgültigwerden der hiesigen, verwehenden Zeit gedacht werden. Wollte man dies von Kohelets Denken her formulieren, dann dürfte man nicht seine Aussagen über den Tod als Ende für falsch erklären, sondern müßte seine Aussage darüber, daß jedes menschliche Tun zugleich Gottes Tun ist, daß Gottes Tun vollkommen ist, daß alles Geschehen Ewigkeit an sich trägt, durchdenken und vertiefen. Kohelet hat an dieser Stelle nur eine alte mythische Chiffre eingesetzt, und dies nur andeutend: die *ewige Wiederkehr* aller Dinge. Dieses Kreislaufbild, am Kosmos abgelesen, ist nicht, wie fast alle Ausleger wollen, ein Bild der Verzweiflung, sondern ganz und gar positiv. Es meint die Partizipation der Seienden an dauerndem Sein. Die naturwissenschaftlich überholten, hier aber mitschwingenden Kosmosvorstellungen machen uns den Zugang zu diesem Bereich seines Denkens sehr schwer. Aber wir sollten ihn, wenn von seiner Dialektik von Tod und Leben die Rede ist, nicht aus den Augen verlieren. Dem Tod wird hier jedenfalls nichts von seinem Ernst genommen. Der jeweilige jetzige Augenblick bekommt unendlichen Wert, der aber nur ergriffen werden kann im Vertrauen auf den unbegreiflichen Gott. Es kann kein Jenseits als Legitimation einer Flucht vor der Verantwortung dieses Augenblicks und als Vertröstung eingesetzt werden.

Kohelet also als kritische Instanz gegen die latenten Gefährdungen christlicher Rede! Doch dürfte auch Kohelets eigentliches Unternehmen, seine Destruktion einer Weltformel, die dem Menschen Verfügung über die Zukunft zu geben behauptete, seine Einladung, sich wieder ins Offene des jeweils nächsten Augenblicks zu stellen, einfach in Gottes Verfügung, bleibende Bedeutung haben. Die analoge Übersetzung für unsere Zeit liegt oft so nah. Hier ist vor allem auch darauf hinzuweisen, wie viele Bezüge sich zu *Jesus von Nazaret,* der wie ein Wanderprediger auftrat, aufweisen lassen. Auch er hat in vielen Gleichnissen die Plausibilitäten seiner Zuhörer in Frage gestellt. Oder handelt Jesu Weinbergsbesitzer (= Gott) etwa entsprechend den moralischen Erwartungen, wenn er dem Arbeiter einer Stunde genausoviel Lohn gibt wie dem, der die Hitze des Tages getragen hat? Zu diesem Gleichnis Jesu enthält ausgerechnet der Midrasch Kohelet ein Gegengleichnis, das moralisch begründet, warum der Weinbergsbesitzer so handelte. Da werden also Kohelet und Jesus zugleich zur Ordnung gerufen! Aber Jesu wie Kohelets Gott läßt seine Sonne nun einmal nicht nur über den Guten, sondern auch über den Bösen aufgehen. Die von Jesus proklamierte Herrschaft Gottes macht die Welt genauso unberechenbar und stellt den Menschen genauso in den neu überraschenden Augenblick wie Kohelets Wort. Auch in ihr kann man, ebenso wie bei Kohelet, nicht immer gesetzestreu sein: Jesu Gottesfurcht bringt ihn dazu, das Gottesgebot des Sabbats zu brechen. Diese vermehrbaren Analogien zwischen Kohelet und Jesus sind noch kaum beachtet worden.

Analysiert man sie, dann zeigt sich in aller Analogie nun allerdings auch eine Differenz. Kohelet bleibt der *Lehrer,* der aufdeckt und zeigt. Wenn er alles gesagt hat, muß er seine Schüler wieder ziehen lassen, und sie müssen in einer Gesellschaft, deren Trug sie durchschauen, allein von Augenblick zu Augenblick ihren Weg suchen. Gehen sie in den Tempel oder in die Synagoge, dann vernehmen sie zwar die Tora Moses und das Wort der Propheten, die Gottes Willen für die Gesellschaft aufzeigen und für seine Durchsetzung eintreten. Aber weder die Priester leben nach dem, was sie sagen, noch ist sonst jemand sichtbar, der Gottes Herrschaft wirklich durchsetzen könnte. Jesus deckt ebenso auf wie Kohelet, zeigt dann aber auch auf sich selbst und kann sagen, man solle ihm *nachfolgen.* Dadurch schafft er eigentlich erst die Möglichkeit, die Sicherungen der alten Gesellschaft loszulassen und wirklich im jeweiligen Augenblick der Herrschaft Gottes zu leben. Kohelet mußte noch sagen, auch der Gerechte wisse nicht, ob er von Gott geliebt oder verschmäht sei. Wer Jesus nachfolgt, weiß, daß er geliebt ist, auch wenn er ein Sünder ist. Erst in diesem Zusammenhang dürfte man in bezug auf Kohelet sagen, daß er zum Alten Testament gehört.

LITERATURHINWEISE

Deutsche Kommentare aus dem 20. Jahrhundert: L. Levy, Das Buch Qoheleth. Ein Beitrag zur Geschichte des Sadduzäismus, Leipzig 1912; A. Allgeier, Das Buch des Predigers oder Koheleth (Die Heilige Schrift des Alten Testamentes), Bonn 1925; H. W. Hertzberg. Der Prediger (Kommentar zum Alten Testament), Gütersloh 1963; A. Strobel, Das Buch Prediger (Kohelet) (Die Welt der Bibel/Kleinkommentare), Düsseldorf 1967; K. Galling, Der Prediger (Handbuch zum Alten Testament), Tübingen ²1969; A. Lauha, Kohelet (Biblischer Kommentar Altes Testament), Neukirchen-Vluyn 1978; W. Zimmerli, Das Buch des Predigers Salomo (Das Alte Testament Deutsch), Göttingen ³1980.
Wichtige ältere oder ausländische Kommentare: G. Zirkel, Untersuchungen über den Prediger nebst kritischen und philologischen Bemerkungen, Würzburg 1792; L. Herzfeld, Coheleth, Braunschweig 1838; F. Hitzig, Der Prediger Salomos (Kurzgefaßtes exegetisches Handbuch zum Alten Testament), Leipzig 1847; C. D. Ginsburg, Coheleth, Commonly Called the Book of Ecclesiastes, London 1861 (Neudruck New York 1970); T. P. Dale, A Commentary on Ecclesiastes, London 1873; F. Delitzsch, Hoheslied und Kohelet (Biblischer Commentar über das Alte Testament), Leipzig 1875; G. Wildeboer, Der Prediger (Kurzer Hand-Commentar zum Alten Testament), Freiburg i. B. 1898; E. Podechard, L'Ecclésiaste (Études Bibliques), Paris 1912; A. Barucq, Ecclésiaste – Qohéleth, Paris 1968; R. Gordis, Koheleth – The Man and His World, New York ³1968; J. L. Crenshaw, Ecclesiastes (The Old Testament Library), Philadelphia 1987; G. Ogden, Qoheleth (Readings – A New Biblical Commentary), Sheffield 1987; M. V. Fox, Qohelet and His Contradictions, Sheffield 1989; R. N. Whybray, Ecclesiastes (New Century Bible Commentary), Grand Rapids und London 1989; R. E. Murphy, Ecclesiastes (Word Biblical Commentary), Dallas 1992.
Monographien zur Sprache Kohelets: ; B. Isaksson, Studies in the Language of Qoheleth, Uppsala 1987; D. C. Fredericks, Qoheleth's Language: Re-evaluating its Nature and Date, Lewiston und Queenston 1988; D. Michel, Untersuchungen zur Eigenart des Buches Qohelet, Berlin 1989; A. Schoors, The Preacher Sought to Find Pleasing Words: A Study of the Language of Qoheleth, Löwen 1992.
Monographien zum Umweltbezug: P. Humbert, Recherches sur les sources égyptiennes de la littérature sapientiale d'Israël, Neuchâtel 1929; O Loretz, Qohelet und der Alte Orient, Freiburg i. B. 1964; R. Braun, Kohelet und die frühhellenistische Popularphilosophie, Berlin 1973.
Forschungsüberblicke und Bibliographien: A. Palm, Die Qohelet-Litteratur, Mannheim 1886 (Bibliographie bis 1885); A. Barucq, Qohéleth, in: Supplément au Dictionnaire de la Bible 5OB, Paris 1977, Sp. 609–674; D. Michel, Qohelet, Darmstadt 1988; R. G. Lehmann, Bibliographie zu Qohelet, in: D. Michel, Untersuchungen zur Eigenart des Buches Qohelet, Berlin 1989, 290–322 (Bibliographie ab 1875).
Veröffentlichungen von N. Lohfink zu Kohelet: Technik und Tod nach Kohelet, in: Strukturen christlicher Existenz. Friedrich Wulf SJ zum sechzigsten Geburtstag, Würzburg 1968, 27–35; War Kohelet ein Frauenfeind? Ein Versuch, die Logik und den Gegenstand von Koh 7,23–8,1a herauszufinden, in M. Gilbert (Hg.), La Sagesse de l'Ancien Testament, Gembloux 1979, 259–287; *melek, šallîṭ* und *môšēl* bei Kohelet und die Abfassungszeit des Buches, in: Biblica 62 (1981) 535–543; Warum ist der Tor unfähig, böse zu handeln? (Koh 4,17), in: F. Steppat (Hg.), XXI. Deutscher Orientalistentag vom 24. bis 29. März 1980 in Berlin. Ausgewählte Vorträge, Wiesbaden 1983, 113–120; Die Wiederkehr des immer Gleichen: Eine frühe Synthese zwischen griechischem und jüdischem Weltgefühl in Kohelet 1,4–11, in: Archivio di Filosofia 53/2 (1985) 125–149; Gegenwart und Ewigkeit. Die Zeit im Buch Kohelet, in: Geist und Leben 60 (1987) 2–12; Koh 1,2 »alles ist Windhauch« – universale oder anthropologische Aussage? in: R. Mosis und L. Ruppert (Hg.), Der Weg zum Menschen. Für Alfons Deissler, Freiburg i. Br. 1989, 201–216; Kohelet und die Banken. Zur Übersetzung von Kohelet v 12–16, in: Vetus Testamentum 39 (1989) 488–495; »Freu dich, junger Mann ...«. Das Schlußgedicht des Koheletbuches (Koh 11,9–12,8), in Bibel und Kirche 45 (1990) 12–19; Das »Poikilometron«. Kohelet und Menippos von Gadara, in: Bibel und Kirche 45 (1990) 19; Von Windhauch, Gottesfurcht und Gottes Antwort in der Freude, in: Bibel und Kirche 45 (1990) 26–32; Qoheleth 5,17–19 – Revelation by Joy, in: Catholic Biblical Quarterly 52 (1990) 625–635.

Buchtitel: 1^{1}

1^{1} Worte Kohelets, des Davidsohnes, der König in Jerusalem war. 1^{12} Spr 1^{1}
1 Kön 8^{1}

Vorspruch: 1^{2-3}

^{2} Windhauch, Windhauch, sagte Kohelet, Windhauch, Windhauch, das || 1^{8} Ijob 7^{16}
ist alles Windhauch. ^{3} Welchen Vorteil hat der Mensch von all seinem Be- Ps 39^{6} 62^{10}
sitz, für den er sich anstrengt unter der Sonne? ↗Röm 8^{20}
zu 1^{3}: $2^{11.\,18-22}$
3^{9} $5^{15.17}$ 8^{9} 9^{9}

1^{1} Der dem Buch wohl sekundär vorangestellte Titel verfolgt vor allem den Zweck, den aus dem Buch selbst als »Kohelet« bekannten Verfasser in die Nähe des Urtyps aller Weisen Israels, des Königs Salomo, zu rücken, wenn nicht vorsichtig mit ihm gleichzusetzen. Die Handhabe ergibt sich aus der Königstravestie in 1^{12ff}: Die Angaben von 1^{12} werden von Spr 1^{1} her mit dem Element »Davidsohn« aufgefüllt, und der Name *qōhælæt* erinnert den Bibelkenner dann vielleicht daran, daß Salomo nach 1 Kön 8^{1} alle Ältesten Israels und alle Sippenhäupter in Jerusalem versammelte *(jaqhēl)*. Der Zweck dieser Zuordnung wurde erreicht: Das Buch trat in die Reihe der offiziellen Bücher der jüdischen Religionsgemeinschaft ein. Vgl. die Vermutungen über die näheren Umstände in der Einleitung, S. 12f.

1^{2}–2^{2} Einem festlichen Essen vergleichbar, das bis zum Hauptgang schon eine abwechslungsreiche Folge von Gängen kennt, oder auch einer klassischen Sonate, die vor der Durchführung des ersten Satzes zunächst einmal ihr thematisches Material einfach nebeneinander vorführt, nimmt das Buch einen langen Anlauf, bis in den 2. Hauptteil hinein, ehe es zu einer breiten und zusammenhängenden Darlegung kommt. Formal gesehen folgen einander ein von einem andern präsentierter feierlicher Spruch Kohelets 1^{2}, eine (rhetorische?) Frage 1^{3} (spricht jetzt Kohelet selbst?), ein breites, objektiv Welt beschreibendes Gedicht 1^{4-11}, schließlich ein subjektiv stilisierter Ichbericht Kohelets (jetzt spricht er mit Sicherheit selbst) über Erfahrungen und Denkergebnisse, der aber auch zunächst nur in 3 knappen Überblicken das Kommende andeutet 1^{12}–2^{2}, worauf erst in 2^{3} die eigentliche Darlegung beginnt. Die Sprunghaftigkeit und das immer neue Ansetzen sind auch inhaltlich da: Wichtige Motive des Buchs wie »Windhauch«, »Vorteil«, »Besitz«, »unter der Sonne« erklingen kurz und werden erst später wieder aufgegriffen werden. Die Technik des vorangestellten Mottos oder Kopfkapitels (vgl. Am 1^{2}; Spr $1^{2-6.7}$; Jes 1^{2-31}; Ps 1) wird hier im Geist der kynisch-stoischen Diatribe noch weiter entwickelt. Es kommt nicht darauf an, einen Gedanken objektiv-logisch zu entfalten, sondern ihn mit allen Mitteln dem Adressaten nahezubringen. Schocktherapie wie aufreizende Andeutungen müssen mithelfen, diesen in die rechte Erwartungshaltung zu versetzen.

1^{2} Nach 1^{1} würde man Kohelet als jetzt Sprechenden erwarten. Doch spricht eine unbekannte auktoriale Persönlichkeit und zitiert Kohelet. Ohne 1^{1} müßte man sagen: zitiert »einen Versammlungsleiter«. Es ist, wie wenn man das Radio mitten in einer Sendung aufdreht: Durch das Zitat ist der Leser mitten in einer Rede, oder sogar bei einem Schlußsatz. Er weiß nicht, worauf sich der demonstrative Artikel (»*das* alles«) bezieht. Der Form nach ist 1^{2} ein archaisch-feierlicher Treppenparallelismus (vgl. Ps. 93^{3}), der zunächst das Prädikat (»Windhauch«), dann nach einer Art syntaktischer Kehrtwendung das Subjekt (»das alles«) emphatisch zu Gehör bringt. Auch das Prädikat ist nicht eindeutig. »Windhauch« ist, vor allem in den Klageliedern, ein Bildmotiv für des Menschen Vergänglichkeit, seine Kurzlebigkeit, die Vergeblichkeit seiner Anstrengungen (ähnlich wie Schatten oder verwelkende Blume). So auch in den Weisheitsschriften nicht nur Israels, auch der Umwelt. Bei den Griechen entsprach τύφος »Wind, Qualm, Dunst« (der Kyniker Monimos formulierte sogar, τὰ πάντα »alles« sei τύφος) – doch war das oft in der Popularphilosophie schon anthropologisch zu »Dünkel, Verblendung« gewendet. Dazu war im dtr Schrifttum »Windhauch« auch zu einer Bezeichnung für falsche Götter, Götzen geworden. Was meint es hier, im Mund welches Versammlungsleiters, wovon ausgesagt? – 1^{2} stürzt den Leser in eine Welt hinein, deren Bezugssystem ihn reizt, ihm aber noch ganz dunkel bleibt.

1^{3} schließt zwar durch eine Stichwortverkettung an, die eine erste Frage klären hilft: »das alles – all sein Besitz«. Aber wessen Worte jetzt kommen, die des Auktors oder die des Versammlungsleiters, den er zitiert, bleibt unklar. Die Sprache ist plötzlich banal, mit Begriffen vom Markt oder aus dem Kontor des Kaufmanns (»Vorteil«, »Besitz«). Der Satz brabbelt prosaisch dahin. Wenn alles gesagt scheint, geht er doch noch weiter (wo denn lebt und arbeitet der Mensch, wenn nicht »unter der Sonne«?). Der Stil ist wahrscheinlich ein Tabubruch: Hier wird Alltagssprache, vielleicht auch griechisch beeinflußter Intellektuellenjargon unmittelbar neben erhabensten Stil gesetzt. Hinter »Vorteil« läßt sich ὄφελος ausmachen, das die Autoren, die man in der Schule liest, öfter gebrauchen, bei »unter der Sonne« hört man das ὑφ' ἡλίῳ der Schulschriftsteller (in normalem Hebräisch hieße es »unter dem Himmel«) – es ist, wie wenn heute bei Journalisten und Intellektuellen englische Wortmünzen durchschimmern.

Der »Besitz«, für den der Mensch »sich anstrengt«, ist im Hebräischen eine etymologische Figur (*ʿ^{a}mālō šæjja-ʿ^{a}mōl*), die vielleicht das μόχθον μοχθεῖν »sich mühsam mühen« des Euripides und anderer spiegelt. Die deutsche Übersetzung kann hier (und immer, wenn dieses Wortspiel auftaucht) leider nur verengend übersetzen. Das hebräische Grundwort umfaßt sowohl die mühsame Arbeit des Menschen als auch deren Ergebnis, den Besitz. Die beiden Aspekte sind in der Übersetzung auf Hauptwort und Relativsatz verteilt. Wo im Urtext nur das Nomen steht, ist mit »Arbeit« übersetzt ($4^{4.6}$; 6^{7}; 8^{15}; 10^{15}). Die eröffnende Frage 1^{3}, so sehr sie sich sofort zu erkennen gibt als Frage aus der Perspektive einer über Besitz verfügenden und den Besitz vermehrenden Oberschicht, spricht doch einfach von *dem* Menschen. So lenkt sie den Blick auf den Menschen schlechthin. Von diesem setzt sie undiskutiert voraus, daß er ein arbeitendes, sich abmühendes Wesen ist, das auf Besitz aus ist: *homo faber*. Die Formulierung ist so offen, daß sie nicht individualisierend eingegrenzt werden muß: Die technische Menschheit, die sich die ganze Erde verändernd aneignet, fällt mit unter den Satz. Dieser fragt – hier ist noch nicht sicher, ob ehrlich oder nur rhetorisch – nach dem »Vorteil« oder »Gewinn«, den solches Menschsein bringt. Bringt die Arbeit den Besitz – was bringt dann der Besitz? Und zwar »aller« Besitz: Jeder mögliche Erfolg menschlicher Weltbemächtigung zusammengenommen? »Unter der Sonne« macht die Frage noch einmal grundsätzlicher: Kein dem Menschen zugänglicher kosmischer Raum ist aus-

WECHSEL, DAUER UND VERGESSEN: 1^{4-11} *1,4–11:* 3^{11-15}

4 Eine Generation geht, eine andere kommt. ↗Sir 14^{18}
Die Erde steht in Ewigkeit.
5 Die Sonne, die aufging und wieder unterging,
atemlos jagt sie zurück an den Ort, wo sie wieder aufgeht.

gespart, setzt man die antike Kosmosvorstellung voraus. Der Horizont der Frage ist die Welt als solche. Diese ist eine durchlichtete Wirklichkeit (»Sonne«), aber in ihr stellt sich dennoch für den Menschen die Sinnfrage. War sie schon durch 1^2 vorausgreifend beantwortet?

1^{4-11} Das nun abrupt einsetzende Gedicht ist eine Kosmologie, jedoch unter der in 1^3 eröffneten Fragestellung »Mensch im Kosmos«. Als thetisches Aussagengefüge hebt es sich von der Frage in 1^3 deutlich ab. Zunächst sammelt es, den vier Urelementen antiker Kosmologien entlangassoziierend und dann zum Menschen gelangend, in ruhiger Beschreibung Tatsachen, dann kommt es in 1^9 zur zusammenfassenden These (hier erscheint wieder das Stichwort »unter der Sonne«), diese wird schließlich in Beantwortung eines Einwands diskursiv entfaltet. Das Gedicht erhält seine formale Dynamik dadurch, daß der Gegensatz »Wechsel-Identität im Wechsel« in immer breiter werdenden Einheiten ständig wiederkehrt (^{4} 2 Zeilen; ^{5} 2 Zeilen; ^{6} 3 Zeilen; ^{7} 4 Zeilen; $^{8-11}$ 15 Zeilen). Diese ins Uferlose hinausstrebende Dynamik wird durch ein statisches Strophenmuster eingefangen und gebändigt, das unterwegs aufgebaut wird. Nach 2 Zweizeilern kommt eine Abfolge von 1 Dreizeiler und 2 Vierzeilern. Diese Abfolge wiederholt sich in $^{9-11}$, so daß mit ^{11} innerhalb der das Strophenmaß sprengenden Aussagengruppe $^{8-11}$ sich in ^{11} die Möglichkeit eines Abschlusses ergibt. Dieser tut sich dann positiv dadurch kund, daß ^{11} inhaltlich auf ^{4} zurückgreift, also eine Rahmung herstellt. Zu diesem sehr subtilen formalen Gefüge des Gedichts treten auf anderen Ebenen Assoziationen, Lautmalereien, Repetitionen, Bildtranspositionen hinzu, die die Übersetzung, wenn auch nicht vollständig, nachahmt. Die große Schwierigkeit des modernen Menschen mit diesem Gedicht ist, daß er aus seinen spontanen Empfindungen heraus die das Gedicht durchziehende Aussage von der ewigen Wiederkehr des Gleichen als eine negative, deprimierende Aussage empfinden möchte. Wenn man sich nicht gegen dieses Vorverständnis wehrt, verfehlt man den Zugang. Das Gedicht preist in seiner Kreislaufaussage den Kosmos als herrlich und ewig. Auch die menschlichen Handlungen, weil sie immer wiederkehren, haben daran Anteil. Überdies kommt der Kosmos im Menschen zur Sprache. Da der Mensch sich jedoch nicht als Subjekt durchhält, kann er die Größe und Dauer des Seins nicht erlebend und erinnernd sammeln. Wie bei jeder Kreislauftheorie vom archaischen Mythos über die Stoa bis Nietzsche handelt es sich auch hier um eine Analyse des menschlichen Seins in der Zeit, die es ablehnt, dieses Sein als reines Fallen ins Nichts zu definieren.

1^4 Durch die Abstraktion von »Generationen« wird ein einprägsames Bild dafür möglich, daß ständig Menschen sterben und andere geboren werden. Durch die nach antikem Weltbild feststehende Erdscheibe entsteht ein Raum, den eine »Generation« verläßt, worauf eine neue einzieht. Die Sinnspitze ist die »Ewigkeit« des Kosmos (»in Ewigkeit« ist auch liturgische Formulierung).

1^5 Die Sonne, da sie untergeht, scheint zwar wie der Mensch vergänglich zu

6 Er weht nach Süden, dreht nach Norden,
dreht, dreht, weht, der Wind.
Weil er sich immerzu dreht, kehrt er zurück, der Wind.
7 Alle Flüsse fließen ins Meer,
das Meer wird nicht voll.
Zu dem Ort, wo die Flüsse entspringen,
kehren sie zurück, um wieder zu entspringen.
8 Alle Dinge sind rastlos tätig,
kein Mensch kann alles ausdrücken,
4,8 5,9 8,17 Spr 27,20 nie wird ein Auge satt, wenn es beobachtet,
nie wird ein Ohr vom Hören voll.
3,15 6,10 4,13–16 9 Was geschehen ist, wird wieder geschehen,
was man getan hat, wird man wieder tun:
Es gibt nichts Neues unter der Sonne.
10 Zwar gibt es bisweilen ein Ding, von dem es heißt:
Sieh dir das an, das ist etwas Neues –
aber auch das gab es schon in den Zeiten,
die vor uns gewesen sind.

1,8 Andere Übersetzungsmöglichkeit: »Alle Worte sind überanstrengt, kein Mensch kann alles ausdrücken.«

1,10 Andere Übersetzungsmöglichkeit: »Aber schon seit Ewigkeiten hat es das gegeben, was sich vor unseren Augen ereignet hat.«

sein, ist es aber nicht. Sie geht als identisch kreisende wieder auf – im antiken Weltbild durch eilende nächtliche Rückkehr ausgedrückt. Sie ist also auch »ewig«.

1,7 Auch dieser Satz zielt auf die Kreislaufaussage. Das zeigen auch die sprachlichen Elemente aus 1,5 und 1,6, die sich am Ende von 1,7 finden.

1,8 Zeile 1 klingt an Zeile 1 von 1,7 an. Deshalb mußte *dᵉbārīm* (was »Dinge« und »Worte« bedeuten kann) hier als zusammenfassende Bezeichnung für alles im Kosmos verstanden werden. Vgl. Menander: »Denn alle Dinge mühen sich innerhalb der Fortdauer ab.« In Zeile 2 greift »ausdrücken« *(lᵉdabbēr)* die Wortwurzel aber nun anthropologisch auf. An die 4 Elemente (Erde, Feuer, Luft, Wasser) schließt der Mensch an, der das Seiende in der Sprache erst zu sich selbst bringt. Da die Sprache auf die Sinne angewiesen ist, diese aber der Fülle kosmischen Geschehens gar nicht gewachsen sind, kommt der sprechende Mensch nie an ein Ende seiner Aufgabe.

1,9 Zeile 1 faßt die Aussage ewiger Wiederkehr für den Kosmos zusammen. Da die Zuordnung des Menschen zum Kosmos aus 1,8 feststeht, schließt Zeile 2 (poetisch: durch Parallelismus) auch auf die ewige Wiederkehr gleicher Figuren menschlichen Handelns. Um Inhalte zu haben, mag man 3,2–8 vergleichen. Zeile 3 als negative Formulierung gibt letzte, triumphierende Universalität. »Neu« ist hier ein negatives Wort: In einer Welt ewiger Dauer und Wiederkehr kann, was »neu« ist, nur schlechter sein – aber so etwas gibt es eben nicht!

1,10 Der Einwand derer, die meinen, die Zeiten würden schlechter (Hinweis auf »Neues«), wird zurückgewiesen. Vgl. 7,10.

11 Nur gibt es keine Erinnerung an die Früheren, 2^{16} 9^{5} Jes 41^{4}
und auch an die Späteren, die erst kommen werden,
auch an sie wird es keine Erinnerung geben
bei denen, die noch später kommen werden.

BEDINGTHEIT DES MENSCHEN – UNDURCHSCHAUBARKEIT GOTTES: 1^{12}–3^{15}

Drei Überblicke: 1^{12}–2^{2}

12 Ich, Kohelet, war in Jerusalem König über Israel. 13 Ich hatte mir vor- 1^{1}
genommen, das Wissen daraufhin zu untersuchen und zu erforschen, ob $3^{1.10}$ $8^{9.16f}$ 5^{13}
nicht alles, was unter dem Himmel getan wurde, ein schlechtes Geschäft
war, für das die einzelnen Menschen durch Gottes Auftrag sich abgemüht

1^{11} Es muß erklärt werden, wieso der Einwand von 1^{10} aufkommen kann. Da nur die menschlichen Handlungen wiederkehren, nicht jedoch ihre Träger als identische bleiben (vgl. 1^{4}), kann sich kein bleibendes oder gar sich erweiterndes menschliches Gesamtbewußtsein aufbauen: Die Erinnerung baut sich immer wieder ab. Diesen Sachverhalt hatte schon zur Zeit der Perserkriege der Chorlyriker Simonides betont.

1^{12}–3^{15} Diesen Abschnitt beherrscht die breitflächige Prosa, die in 1^{3} schon einmal anklang, durchsetzt mit argumentativ eingesetzten (2^{14}) oder eine Ausführung beschließenden Sprüchen ($1^{15.18}$; 2^{2}; vielleicht 3^{15}), sich manchmal bei Aufzählungen in halbpoetische Passagen steigernd (2^{4-8}; 3^{2-8}; vielleicht 2^{23}). Inhaltlich geht es um die Frage nach dem Menschen, die in die Frage nach Gott mündet. Es ist die grundlegendste und zusammenhängendste Darlegung des ganzen Buchs. Sie präsentiert sich jedoch nicht als objektivdistanzierte Faktenfeststellung und Analyse, sondern als Erzählung eines Menschen über sein Handeln, seinen Erfolg, seine Reflexion darüber und deren Ergebnisse. Diese narrative Form läßt dem Leser die Freiheit, sein eigenes Leben und dessen Erfahrungen zu vergleichen und der Logik des Denkens erst nach kritischer Prüfung zuzustimmen. Der dem Leser gewährte Freiheitsraum wird nochmals erweitert durch das subtile Spiel mit der Identität des Berichtenden. War zwischen 1^{3} und 1^{11} eigentlich in der Schwebe geblieben, wessen Worte erklangen, die der auktorialen Persönlichkeit von 1^{2} oder die eines von ihr dort zitierten »Versammlungsleiters«, so dürfte jetzt, in 1^{12}, der Auktor sich selbst als den »Versammlungsleiter« identifizieren. Er hatte sich also bisher gewissermaßen noch nicht ganz zu sich selbst zu bekennen gewagt – jetzt tut er es. Doch im gleichen Augenblick versteckt er sich in literarischer Königstravestie von neuem, und zwar hinter einem Jerusalemer Philosophenkönig, der der berühmte Salomo ist (vgl. vor allem die Anspielungen an 1 Kön in 2^{4-8}) und doch nicht ist (vgl. 1^{16}; $2^{7.9}$: Salomo hatte für israelitisches Denken nur einen einzigen Vorgänger in Jerusalem, nämlich David, nicht viele). Der Königsmantel sinkt dann unmerklich wieder zu Boden; zum letztenmal ist er in 2^{25} sichtbar. Durch die »Travestie nach oben« ist es möglich, ohne die Vorteile der narrativen Präsentation aufzugeben, doch die Anthropologie nicht auf den Erfahrungen des kleinen Mannes oder gar menschlichen Mißlingens, sondern auf den Erfahrungen höchster menschlicher Möglichkeiten, geglückter Weltgestaltung und ergriffener Freude, aufzubauen. Um so bestürzender ist, was sich dann zeigt: Der mit Sicherheit kommende Tod, die unverfügbare Freiheit des anderen Menschen gegenüber der von mir gestalteten Weltwirklichkeit, ja die Unverfügbarkeit der Freude sogar für den, der sich eigentlich die Voraussetzungen dafür geschaffen hat, führen den Menschen zur Grundeinstellung der Verzweiflung – obwohl zugleich durchzuhalten ist, daß, dem Menschen nicht durchschaubar, von Gott her alles, was in der Welt des Menschen geschieht, vollkommen und ewig ist. Hier schließt sich dann ein Kreis zu dem Gedicht 1^{4-11}, nur daß, was dort vom Kosmos ausgesagt war, hier eine theologische Dimension erhält. Diese Dialektik von Anthropologie und Theologie unterscheidet Kohelet auch von den meisten modernen Existenzphilosophen, deren Analysen im übrigen oft eine erstaunliche Nähe zu den seinen aufweisen. Wichtig für das Verständnis dieser anscheinend so lockeren Prosa Kohelets ist auch, daß sie mit Hilfe von Leitworten, Vorankündigungen, Wiederaufnahmen, Assoziationen und Gegensatzanknüpfungen (auf die im folgenden nur in Ausnahmefällen aufmerksam gemacht werden kann) doch eine große Dichte erhält. Vieles wird nur verständlich, wenn man vorher Gesagtes mithört und die Deutung noch auf spätere Wiederaufnahmen hin offenhält.

1^{12}–2^{2} Die Erzählung ist zunächst noch abkürzend und sprunghaft: Dreimal Bericht über ein Tun, das begonnen wurde, doch dann jedesmal sofort Hinweis auf das Ergebnis und Schlußpunkt durch ein Sprichwort. Später wird sich zeigen, daß in chiastischer Vorausnahme die Hauptteile der kommenden kontinuierlichen Erzählung angedeutet wurden. Wiederkehrende Stichworte, ja ganze Sätze werden an diese Vorausresümees erinnern: vgl. vor allem 2^{3} (für zumindest 2^{3-10}) mit 2^{1}, 2^{12} (für zumindest 2^{12-17}) mit 1^{17} und $3^{1.9f}$ (für zumindest 3^{1-15}) mit 1^{13f}. Die Wiederkehr der Stichworte aus 1^{18} in 2^{23} vergrößert das Referenzgebiet von 1^{16-18} auf 2^{12-23}. Auch spätere Passagen des Buches knüpfen noch an Formulierungen aus 1^{12}–2^{2} an. Die abschließenden Sprichwörter waren dem Leser vielleicht schon bekannt, doch läßt sich dies nicht mehr ausmachen. Am ehesten ist 2^{2b} neu formuliert. Wenn der Leser durch 1^{12}–2^{2} in die Ich-Erzählung einschwingt, soll er wohl vor allem schon das Wort »Windhauch« eingeprägt bekommen. Selbst die Vorankündigung der theologischen Ausführungen, in denen nach 2^{26} das Wort »Windhauch« nicht mehr fällt, ist in 1^{13-15} so gewendet, daß sie in 1^{14} in der Windhauch-Aussage gipfelt. Der Leser erfährt hier trotz der Vorankündigung also noch nicht, daß eine ganz positive Theologie die so negative Anthropologie auffangen wird.

1^{13} Gräzisierende Sprache mag in »erforschen« (hebr. *tūr* vgl. das für die empirischen Schulen der Nachsokratik signifikante Wort τηρεῖν, das für semitische Ohren, die vor allem die Konsonanten hören, auch ähnlich klingt), Kaufmannssprache bei »schlechtes Geschäft« (vgl. 5^{13}) durchschlagen. Zwischen »schlechtem Geschäft« *(ʿinjan raʿ)* und »sich abmühen« *(ʿnh)* gibt es ein Wortspiel. »Wissen«, und nicht das übliche »Weisheit«, ist in Koh die sachgemäßere Übersetzung des hebr. *ḥokmāh*. Manchmal ist auch »Bildung« angebracht. Das gilt für das ganze Buch. Die Gegenbegriffe sind Dummheit, Unwissen, Unbildung, nicht aber Torheit. Es handelt sich um jenes Wissen und Können, das sich in Technik und Herrschaft umsetzen läßt, und um jene Bildung, die gesellschaftliche Stellung verleiht. Vgl. 2^{2-10}, 2^{13-17} u. ö. Der Hellenismus hatte sich siegreich

haben. 14 Ich beobachtete alle Taten, die unter der Sonne getan wurden. 2^{11} 4^{4}
Das Ergebnis: Das ist alles Windhauch und Luftgespinst.
15 Was krumm ist, kann man nicht gerade biegen, 1^{8} 3^{14} 7^{13} Spr 27^{22}
was nicht da ist, kann man nicht zählen.
16 Ich überlegte mir folgendes: Ich habe mein Wissen immerzu vergrößert, $2^{7.9}$ 1 Kön 5^{9f} $10^{7.23}$

1^{14} Andere Übersetzungsmöglichkeit: »Haschen nach Luft.« So auch später, wenn dieses Leitwort wiederkommt.

durchgesetzt, weil er neue, rationalere militärische Techniken, rationalere Methoden der kaufmännischen Buchführung und der staatlichen Verwaltung, rationalere Methoden des Akkerbaus und der handwerklichen Produktion besaß. Da »Wissen« dieses Typs sich unmittelbar in menschlichem Machen und Handeln fortsetzt, kann der Satz in der Fortsetzung statt vom Wissen von dem reden, »was unter dem Himmel getan wurde«. Wieder wie in 1^{3} geht die Frage auf den Sinn des Gesamts dessen, was vom Menschen her in der Welt geschieht. Nur daß in der Antwortvorgabe auch noch die Größe »Gott« eingeführt wird – zum erstenmal im Buch. Der ursprüngliche Leser konnte schon bei der passiven Formulierung »alles, was unter dem Himmel getan wurde« zur Frage kommen, ob das menschliche Schaffen, das offenbar gemeint war, nicht zugleich als etwas, mit dem Gott zu tun hatte, zu verstehen sei. Das gilt im ganzen Buch bei derartigen Passivformulierungen. Wenn Kohelet hier und dann stets im ganzen Buch von »Gott« spricht und niemals den alten Gottesnamen »Jahwe« gebraucht, so ist das Jahrhunderte nach der Etablierung monotheistischen Denkens in Israel in einer Weisheitsschrift und in einem Umfeld, wo einerseits die Scheu vor dem Gebrauch des Jahwenamens aufkommt, dieser Name andererseits in der populären Magie immer mehr mißbraucht wird, durchaus naheliegend. Dazu ist mit einem gewissen Formulierungszwang von der Sprache der griechischen Philosophen her zu rechnen, die sich über den Polytheismus lustig machen. Es ist völlig unangemessen, aus dem Nichtgebrauch des Gottesnamens auf eine Erkaltung und Entpersönlichung der Gottesbeziehung Kohelets zu schließen, auch wenn das oft geschieht.

1^{14} Der zusammen mit »Windhauch« oder auch in Abwechslung dazu gebrauchte Ausdruck – in der EÜ »Luftgespinst« – ist schwer zu übersetzen. Die EÜ setzt in Anlehnung an jüdische Exegeten des Mittelalters und christliche des vorigen Jahrhunderts eine aramäisch beeinflußte, später mittelhebräisch greifbare Bedeutung »windiger, luftiger Gedanke; sinnloses Begehren« voraus und greift dann auf ein Wort zurück, das Goethe und Matthias Claudius in bezug auf Entwürfe des menschlichen Geists ohne Wirklichkeitsbezug gebraucht haben. Man mag sich dabei auch an das Wort »Hirngespinst« erinnern.

1^{15} Zeile 1 läßt an den gekrümmten Rücken des alten Menschen denken – insgeheim wird also schon vom Tod gesprochen. Zeile 2 stammt wieder aus dem Kontor des Kaufmanns, schließt an das »schlechte Geschäft« in 1^{13} an und wird in 3^{14} inhaltlich aufgegriffen werden. Zeile 2 gilt allerdings ebenso vom Bauern, der wegen schlechter Ernte im Herbst seine Abgaben an seine Herren und an den Staat nicht zusammenbringt. Beide Sprüche lassen das Thema »Unverfügbarkeit« anklingen, das den theologischen Abschnitt von 2^{24} ab beherrschen wird. In 7^{13} wird Zeile 1 zitiert werden, und zwar mit Gott als Subjekt.

1^{16-18} Die in ^{16} eingeführte Überlegung

so daß ich jetzt darin jeden übertreffe, der vor mir über Jerusalem ge-
2^{12} 7^{25} 8^{16f} herrscht hat. Oft konnte ich Wissen und Können beobachten. [17] So habe
ich mir vorgenommen, zu erkennen, was Wissen wirklich ist, und zu er-
kennen, was Verblendung und Unwissen wirklich sind. Ich erkannte, daß
auch dies ein Luftgespinst ist. [18] Denn:

2^{18} + 2^{23} 5^{16} Viel Wissen, viel Ärger,
Spr 22^{15} wer das Können mehrt, der mehrt die Sorge.

$2^{3.+10.24}$ 3^{12} 2^{1} Ich dachte mir: Auf, versuch es mit der Freude, genieß das Glück! Das
↗Weish 2^{6} Ergebnis: Auch das ist Windhauch.

10^{19} Spr 14^{13} [2] Über das Lachen sagte ich: Wie verblendet!,
20^{1} 23^{29-35} über die Freude: Was bringt sie schon ein?

Menschliches Glück durch Weltgestaltung: 2^{3-11}

[3] Ich trieb meine Forschung an mir selbst, indem ich meinen Leib mit
Wein lockte, während mein Verstand das Wissen auf die Weide führte,
+2^{1} und indem ich das Unwissen gefangennahm. Ich wollte dabei beobachten,
wo es vielleicht für die einzelnen Menschen möglich ist, sich unter dem
Himmel Glück zu verschaffen während der wenigen Tage ihres Lebens.
[4] Ich vollbrachte meine großen Taten:

1 Kön 7 Ich baute mir Häuser,
Hld 8^{11} ich pflanzte Weinberge.

2^{3} Konstruktion und Deutung von M sind nicht ganz klar.

Kohelets umfaßt auch noch ^{17a}. 1^{16-18} gibt eindeutig einen Vorentwurf über 2^{12-23}: Zuerst wird das Ergebnis des vorangehenden Abschnitts durch Motive aus 2^{9} angedeutet, dann die daraus sich ergebende neue Fragestellung von 2^{12} und schließlich der Schlußgedanke von 2^{23}.

1^{18} Der wahrscheinlich vorgegebene Spruch gehört zu einem Topos antiker Schulmeister: Sie machten ihren Schülern klar, daß man ohne Anstrengung, Schmerz (auch durch Prügel), Angst und Sorge sich Wissen und Können nicht erwerben könne. Vgl. unser »Ohne Fleiß kein Preis«. Die Motive »Ärger« und »Sorge« werden im Buch dann allerdings ganz anders wieder aufgegriffen werden (2^{23}; 5^{16}), und dementsprechend wird man dann auch dieses Sprichwort in der Erinnerung anders hören.

2^{1f} Nachdem das Muster eingespielt ist, kann der dritte Überblick sehr knapp sein und im Grunde nur einfach das Thema des dann chiastisch sofort folgenden ersten Hauptabschnitts einbringen. Ferner kann er das Schema leicht abwandeln. Statt des einfach angehängten (1^{15}) oder mit »denn« eingeführten (1^{18}), dann aber voll zitierten Spruchs werden hier mit Redeeinleitung zwei Sprüche abgekürzt angedeutet. Lautes Lachen gehörte sich nicht für einen Gebildeten (vgl. 7^{6}). Indem nun im Parallelismus (wieder mit Kaufmannszungenschlag) ein skeptischer Spruch über das Glück gebracht wird, wird dieses dem Lachen gleichgesetzt und ebenfalls ins Negative geschoben.

2^{3-11} Mit diesem Abschnitt beginnt die durchlaufende Erzählung Kohelet-Salomos. Er erzählt, wie er sich seine kö-

5 Ich legte mir Gärten und Parks an, Hld 4^{13}
darin pflanzte ich alle Arten von Bäumen. Gen 2^{5}
6 Ich legte Wasserbecken an, Neh 2^{14}
um aus ihnen den sprossenden Baumbestand zu bewässern.
7 Ich kaufte Sklaven und Sklavinnen, 1 Kön 10^{5}
obwohl ich schon hausgeborene Sklaven besaß.
Auch Vieh besaß ich in großer Zahl, Rinder, Schafe, Ziegen, 1 Kön 5^{3} 8^{63}
mehr als alle meine Vorgänger in Jerusalem. 1^{16} 2^{9} 1 Kön 10^{23}
8 Ich hortete auch Silber und Gold 1 Kön 10^{21}

2^{8} Andere Übersetzungsmöglichkeit: »und die persönlichen Tribute von Königen und aus den Provinzen«. – »Einen großen Harem«: wörtlich: »eine Geliebte, viele Geliebten.« Deutung unsicher.

nigliche Lebe-Welt mit Hilfe seines Wissens und Könnens ($2^{3.9}$) gestaltet und aus diesem »Besitz« dann jede gewünschte Freude gewonnen hat. Das war die Ausgangsfrage in $2^{3b\beta}$: Ob Glück machbar sei. Die Antwort ist ein auf Erfahrung gegründetes Ja. $^{4-8}$ bilden eine halbpoetische Schilderung der weltbemächtigenden Tätigkeit des Erzählers. Koh greift dabei neben 1 Kön 5–11 auch auf traditionelle narrative Reihen aus der griechischen Literatur zurück. Vor allem hat er aber konkrete Beispiele vor Augen. Fernes Modell mag der Palast der Lagiden und das ihn umgebende Areal von Parks, Seen und öffentlichen Gebäuden in Alexandria gewesen sein, das ein Drittel des Stadtgebiets bedeckte, näherliegendes die Bauten und Gartenanlagen der in Palästina auf königlichen Lehensgütern oder privatem Besitz lebenden griechischen Aristokratie, der die judäische Oberschicht teilweise durchaus erfolgreich gleichzukommen versuchte, an ihrer Spitze die Familie der Tobiaden mit ihrer Armee und ihrem Bergpalast im Ostjordanland. Das hier entworfene Bild ist eine Art Verdichtung für das Fieber der Weltbemächtigung und Weltgestaltung, welches das voll in seinen »Gründerjahren« vibrierende ptolemäische Reich schüttelt. Wenn uns die Zeichnung sehr bürgerlich-privat erscheint, so ist zu beachten, daß die ptolemäische Reichsideologie den gesamten Staat als eine Art riesigen Privathaushalt des Königs stilisierte. Es geht also durchaus um das Gemeinwesen, wenn auch dessen Glück im Glück seines Königs dargestellt wird. Wir sind in nächster Nähe zum grundlegenden Impetus unserer technischen, weltverwandelnden, fortschrittshungrigen, zumindest der Sehnsucht nach glückmaximierenden Zivilisation. Bei Kohelet, der sonst sehr weltbürgerlich schreibt und wenig Partikulär-Israelitisches hervortreten läßt, dürfte es bewußter Absicht entspringen, wenn der König, dem die Weltgestaltung und Glücksmaximierung gelingt, ausgerechnet ein König über Israel in Jerusalem ist (1^{12}; $2^{7.9}$). Zeigt er nicht doch hier eine selbstverständliche Überzeugung an, daß das Glück in der Welt nur von Jerusalem aus gelingen kann?

2^{3} »indem ich meinen Leib mit Wein lockte«: Höchster Ausdruck menschlichen Glücks ist das Festgelage unter Freunden, bei dem der Weinbecher kreist – so zumindest im alten Orient und in der hellenistischen Welt. Die Erwähnung der »wenigen Tage« des menschlichen Lebens gibt hier dem ganzen Unternehmen etwas Drängendes, doch deutet sie verborgen auch schon an, daß sich alles als »Windhauch« erweisen wird.

2^{8} Schon in Dokumenten des 2. Jt. v.

1 Kön 5^{1-8} und, als meinen persönlichen Schatz, Könige und ihre Provinzen.
2 Sam 19^{36} Ich besorgte mir Sänger und Sängerinnen
1 Kön 11^{3} und die Lust jedes Menschen: einen großen Harem.
1^{16} 2^{7} 1 Kön 10^{23} 9 Ich war schon groß gewesen, doch ich gewann noch mehr hinzu, so daß
1 Kön 5^{9-14} ich alle meine Vorgänger in Jerusalem übertraf. Und noch mehr: Mein
$2^{1.10.24}$ $3^{12.22}$ Wissen stand mir zur Verfügung, 10 und was immer meine Augen sich
5^{17f} 8^{15} $9^{6.7-9}$ wünschten, verwehrte ich ihnen nicht. Ich mußte meinem Herzen keine
11^{7-10} einzige Freude versagen. Denn mein Herz konnte durch meinen ganzen
Besitz Freude gewinnen. Und das war mein Anteil, den ich durch meinen
ganzen Besitz gewinnen konnte. 11 Doch dann dachte ich nach über alle
meine Taten, die meine Hände vollbracht hatten, und über den Besitz, für
+1^{3} den ich mich bei diesem Tun angestrengt hatte. Das Ergebnis: Das ist alles
Windhauch und Luftgespinst. Es gibt keinen Vorteil unter der Sonne.

Bildung und Besitz in ihrer Bedingtheit: 2^{12-23}

+1^{17} 12 Ich dachte nach, indem ich beobachtete, was Wissen wirklich ist und
was Verblendung und Unwissen wirklich sind. Außerdem: Was für ein
Mann wird auf den König folgen, den sie einst eingesetzt haben? 13 Ich be-
6^{8} obachtete: Es gibt einen Vorteil, den das Wissen bietet, aber nicht das
Unwissen, wie es einen Vorteil gibt, den das Licht bietet, aber nicht die
Dunkelheit:

Chr. werden Vasallenkönige als »persönlicher Besitz«, als »Privatschatulle« ihres Großkönigs bezeichnet. Doch trifft die Alternativübersetzung, die allerdings nicht so sicher ist, das hellenistische Milieu vielleicht noch besser. Das ganze Reich war die οἰκία (Haushalt) des Königs, alle Abgaben galten ihm persönlich.

2^{10} »Anteil« ist an sich ein Begriff aus dem israelitischen Bodenrecht. In Koh wird daraus ein positiver philosophischer Begriff. Ob aber ein dem Menschen möglicher »Anteil« auch ein »Vorteil« ist, bleibt noch zu fragen.

2^{11} Als Schlußpunkt des Abschnitts ein Vorblick auf den nächsten Abschnitt und sein ernüchterndes Ergebnis. »Es gibt keinen Vorteil« greift sogar bis in den theologischen Teil voraus (3^{9}).

2^{12} Dispositionsangabe für die beiden folgenden Abschnitte, anaphorisch an 2^{11} angeschlossen: 2^{13-17} wird das Wissen und die Bildung problematisieren, von 2^{18} ab wird vom Thema »Nachfolger« gehandelt.

2^{13-17} Hatte sich das »Wissen« zunächst als Voraussetzung für die Herstellung von Glück gezeigt, so entschwindet dieser »Vorteil« angesichts der in den Blick geratenden Grenzsituation »Sterbenmüssen«. Ein Weg, sie zu verdrängen, ist die Rede vom Nachruhm, durch den der Mensch nach seinem Tod weiterlebe. Sie schiebt 2^{16} unter Rückgriff auf 1^{11} beiseite. Es entsteht Klageliedstimmung: »Wie ist es möglich...« Klage ist erstes, wenn auch noch schmerzhaftes Ja zum Faktischen. Das führt schon zu einer neuen Einstellung. Das hebr. Wort *(śānē'tī)* umfaßt alles, was in Gegensatz zu »lieben« steht – vom Haß bis dahin, daß etwas für mich seinen Reiz verliert. Die EÜ hat sich aus dem Bereich dieser Skala für »Verdruß« entschieden. Vielleicht ist sogar nur gemeint, daß das vorher ungebrochene Verhältnis zum

14 Der Gebildete hat Augen im Kopf,
der Ungebildete tappt im Dunkeln. 8^{1} 10^{2} Ijob 12^{25}
Aber ich erkannte auch: Beide trifft ein und dasselbe Geschick. 15 Da 3^{19} 9^{2f} Ijob 9^{22}
dachte ich mir: Was den Ungebildeten trifft, trifft also auch mich. Warum *zu* 2^{15}: 7^{16}
bin ich dann über die Maßen gebildet? Und ich überlegte mir, daß auch das
Windhauch ist. 16 Denn an den Gebildeten gibt es ebensowenig wie an den
Ungebildeten eine Erinnerung, die ewig währt, weil man schon in den Ta- +1^{11} ↗ Weish 2^{4}
gen, die bald kommen, beide vergessen wird. Wie ist es möglich, daß der
Gebildete ebenso sterben muß wie der Ungebildete? 17 Da verdroß mich Ps 49^{11}
das Leben. Denn das Tun, das unter der Sonne getan wurde, lastete auf
mir als etwas Schlimmes. Denn es ist alles Windhauch und Luftgespinst. $5^{12.15}$ 6^{1f} 10^{5}
18 Mich verdroß auch mein ganzer Besitz, für den ich mich unter der *2^{18f}*: 4^{8}
Sonne anstrenge und den ich dem Menschen lassen muß, der nach mir 1 Kön 12^{1-17}
kommt. 19 Wer weiß, ob er ein Wissender ist oder ein Unwissender? Je- *zu* 2^{18}: $2^{12.21}$ 6^{1-7}
denfalls wird er über meinen ganzen Besitz verfügen, für den ich unter der Ps 39^{7}
Sonne mich angestrengt und mein Wissen eingesetzt habe. Auch das ist
Windhauch.
20 Ich stellte mich um und überließ mich der Verzweiflung über meinen
ganzen Besitz, für den ich mich unter der Sonne angestrengt hatte.

Welt und Lust schaffenden Leben einen Bruch erleidet. Doch wird das Leben dadurch schon zur Last. Was Glück zu verschaffen schien (*ṭob* »Gutes, Glück« $2^{1.3}$) bereitet jetzt Unglück (*raʿ* »Schlimmes, Unglück« 2^{17}). Indem das Glück angesichts des Tods von Un-Glück durchsetzt wird, transzendiert der Mensch das Verfallensein ans reine Machen und Genießen.

2^{14f} »Geschick« und »treffen« haben im Hebr. die gleiche Wortwurzel *(qrh)*. Als griechisches Beispiel für diesen in der Antike verbreiteten Gedanken vgl. Menander: »Willst du die Könige preisen, oder die Weisen? Ob klug, ob reich, sieh ihre Gräber: Im Tode sind sie alle gleich.«

2^{18f} Durch Anapher (»Mich verdroß« vgl. 2^{17}) wird die Behandlung des Themas »Nachfolger« (vgl. 2^{12}) dem vorangehenden Text parallelgesetzt. Das Denken an den Tod kann auch durch den Blick auf das erstellte, objektive Wirklichkeit gewordene Werk (»Besitz«) verdrängt werden. Kommt ihm noch größere Dauer zu, über das Einzelleben hinaus? Auch heutzutage werden ja ganze Völker zu immer neuen Opfern aufgefordert, damit kommende Generationen in einer glücklicheren Welt leben. Aber die Grenzsituation »Andere« verstellt diese Ausflucht. Nach dem eigenen Tod ist die von mir geschaffene Objektivation »anderen« ausgeliefert, deren Fähigkeit, ja Freiheit sich jeder Einflußnahme meinerseits entzieht.

2^{20-23} Die Grenzsituation »Andere« ist nicht nur im Hinblick auf das gegeben, was nach dem Tod aus der von mir gestalteten Welt wird, sondern auch schon im Hinblick auf mögliches Geschehen vor dem Tod. Sie geht dann auf in jene Grenzsituation, die Karl Jaspers »Geschichtlichkeit« genannt hat. Im fiktionalen Ich-Bericht hatte Kohelet die beste Möglichkeit unterlegt: Daß für den, der durch Wissen und Technik Welt schafft, Glück resultiert. Doch der Zusammenhang von Machen und Glück ist nicht wesensnotwendig. Deshalb führt er jetzt 2^{21-23} (in dritter Person) den häufigen Fall ein, daß ein Mensch sich abmüht, aber einem anderen dann schon zu dessen Lebzeiten das

6^{2}→Sir 11^{18f} 21 Denn es kommt vor, daß ein Mensch, dessen Besitz durch Wissen, Können und Erfolg erworben wurde, ihn einem andern, der sich nicht dafür angestrengt hat, als dessen Anteil überlassen muß. Auch das ist Wind-
6^{1} hauch und etwas Schlimmes, das häufig vorkommt.
$+1^{3}$ 22 Was erhält der Mensch dann durch seinen ganzen Besitz und durch das Gespinst seines Geistes, für die er sich unter der Sonne anstrengt?
1^{18} 5^{16} 8^{16f} 23 Alle Tage besteht sein Geschäft nur aus Sorge und Ärger,
11^{10} Ijob 7^{1-4} und selbst in der Nacht kommt sein Geist nicht zur Ruhe.
Auch das ist Windhauch.

Gottes Handeln in seiner Vollkommenheit und Undurchschaubarkeit: 2^{24}–3^{15}

$+2^{10}$ 24 Nicht im Menschen selbst gründet das Glück, daß er essen und trinken und durch seinen Besitz das Glück selbst kennenlernen kann. Ich habe

Glück aus der Mühe zufällt. Vgl. Menander: »Der eine spart und sammelt treu für sich, der andere aber legt für den, der lange Zeit sein Gut gehütet hat, mit Tücke einen Hinterhalt und triumphiert.« Derartiges wird in der von vielen Seiten her fremdbestimmten, stets wieder in ihrem wirtschaftlichen Aufstieg gefährdeten Oberschicht Judäas im 3. Jh. aus vielen Familien belegbar gewesen sein. Am Ende solcher Schicksale steht Schuldknechtschaft, was in 2^{23} angedeutet sein könnte. In späteren Teilen des Buchs wird Kohelet auf derartige Erfahrungen zurückkommen (vor allem 5^{12}–6^{10}). Hier deutet er nur knapp an. In 2^{20} leitet er, in parallelem Ansatz wie 2^{18}, den Abschnitt ein durch einen Hinweis auf die Einstellung, in die er bei diesem Denkschritt nun nicht mehr einfach geriet, sondern bewußt hineinging (2^{20} »Ich stellte mich um«). Es ist die »Verzweiflung« bezüglich alles Machens und Gemachten. Durch sie kommt der Mensch auch dann, wenn er im Glück ist, in eine transzendierende Distanz zur begrenzten eigenen Situation. Kierkegaard nannte die »Verzweiflung« die »Krankheit zum Tode«. Offenbar deprimiert sie nicht, sondern öffnet den Blick, so daß aus der Diskussion der »Geschichtlichkeit« heraus dann die Anthropologie zur Theologie werden kann.

2^{24-26} Die Erkenntnis von 2^{20-23} wird nochmals formuliert, nunmehr jedoch als theologische Aussage. Es ist wichtig zu sehen, daß Kohelet nicht aus der »Geschichtlichkeit« des Menschen Gott gewissermaßen beweist, sondern daß er, Gott als den, der in allem Geschehenden der eigentlich Wirkende ist, selbstverständlich voraussetzend, die »Geschichtlichkeit« von Gott her beschreibt. 2^{25}, die letzte Erinnerung an die Königsfiktion, unterstreicht die Objektivität des Redenden: Aus seiner eigenen Erfahrung allein wäre er vielleicht gar nicht gezwungen, so radikal zu formulieren, er hatte immer Erfolg und Glück. Dennoch formuliert er in 2^{26} diesen bestürzenden Satz von Gottes Weltregiment jenseits all unserer moralischen Erwartungen. Es gibt θεόφιλοι, »Gottesfreunde«, wie die Griechen der Periode sagen, und Menschen, denen die Dinge im Leben nicht ans gute Ende kommen. Gott regiert die Welt nicht kausal und moralisch, wie der Mensch erwarten würde. Insofern kann, selbst nachdem die theologische Dimension eröffnet ist, das bisherige ständige Bilanzwort aufrechterhal-

vielmehr beobachtet, daß dies von Gottes Verfügung abhängt.
25 Denn wer hat zu essen, wer weiß zu genießen, wenn nicht ich?
26 Aber es gibt
Menschen, denen Gott wohl will. Es sind die, denen er Wissen, Können 7^{26} Ijob 27^{16f}
und Freude geschenkt hat. Und es gibt Menschen, deren Leben verfehlt Spr 13^{22} 28^{8}
ist. Es sind diejenigen, die er mit dem Geschäft beauftragt hat, zu sammeln
und zu horten und dann alles denen zu geben, denen er wohl will. Auch
das ist Windhauch und Luftgespinst.
3 1 Alles hat seine Stunde. Für jedes Geschehen unter dem Himmel gibt es 1^{13} 3^{17} 8^{5f} 9^{11f}
eine bestimmte Zeit: 11^{9} Ps 31^{16}

2 eine Zeit zum Gebären
und eine Zeit zum Sterben, 7^{17} Ijob 5^{26}
eine Zeit zum Pflanzen Jes 28^{23-29}
und eine Zeit zum Abernten der Pflanzen,
3 eine Zeit zum Töten
und eine Zeit zum Heilen,
eine Zeit zum Niederreißen
und eine Zeit zum Bauen,
4 eine Zeit zum Weinen
und eine Zeit zum Lachen,

ten werden: Auch die Zuteilung von Glück und Unglück ist Windhauch. Inzwischen hat sich dem Leser längst das Wort »Windhauch« verdeutlicht. Es weist auf Vergänglichkeit, Todesbestimmtheit, fehlende Kohärenz von Handeln und Genuß der Früchte, ja Immoralität des Weltenablaufs. Man sollte es aber nicht mit »Sinnlosigkeit« übersetzen, denn die Frage nach dem »Sinn« stellt Kohelet erst jetzt, und zwar von Gott her, und genau von jetzt ab bis zum Ende des theologischen Teils fällt die Windhauch-Aussage nicht.

3^{1-9} Eine Art meditativer Pause im sonst sehr gerafften Bericht Kohelets über seine Erfahrung und sein Denken. Sie dient der Universalisierung der Erfahrungsbasis, von der her die Aussagen gemacht werden. Das mag gerade vor den entscheidenden theologischen Aussagen als notwendig erschienen sein. Bisher wurde ja nur die glückende Existenz Salomo-Kohelets und der ebenfalls beobachtbare gegenteilige Fall – daß jemand mühsam Welt schafft, aber nicht zum Genuß gelangt – dem Denken zugrundegelegt. Für die Stringenz des Denkens mag das genügen, aber nicht für die literarisch zu vermittelnde Evidenz. Deshalb wird die Tatsache, daß jede menschliche Situation nicht vom in ihr stehenden Menschen, sondern von außen (im Kontext eindeutig: von Gott her) bestimmt ist, in einem Gedicht von 6 + 8 (= 14) Gegensatzpaaren entfaltet. Der Leitbegriff ist dabei »Zeit« (hebr. *'et*), wohinter wohl das griechische καιρός steht. 3^{1} stellt die universale These auf (»alles«, »jedes Geschehen unter dem Himmel«), 3^{9} faßt in Form einer rhetorischen Frage zusammen. Sie ist die in 2^{11} schon einmal vorweggenommene Antwort auf die Frage von 1^{3}. Da alles doch von woanders her verfügt wird, fragt es sich, warum man sich weltverändernd anstrengen soll. Wenn das hier nun doch nicht als positive Schlußfolgerung, sondern nur als vorsichtige rhetorische Frage formuliert ist, dann offenbar, weil das Denken noch weiter läuft und dieses Ergebnis, so richtig es in sich ist, doch noch einmal in einen umfassenderen Rahmen gestellt und

eine Zeit für die Klage
und eine Zeit für den Tanz;
5 eine Zeit zum Steinewerfen
und eine Zeit zum Steinesammeln,
eine Zeit zum Umarmen
und eine Zeit, die Umarmung zu lösen,
6 eine Zeit zum Suchen
und eine Zeit zum Verlieren,
eine Zeit zum Behalten
und eine Zeit zum Wegwerfen,
7 eine Zeit zum Zerreißen
und eine Zeit zum Zusammennähen,
eine Zeit zum Schweigen
Spr 15^{23} und eine Zeit zum Reden,
$9^{1.6}$ 8 eine Zeit zum Lieben
und eine Zeit zum Hassen,
eine Zeit für den Krieg
und eine Zeit für den Frieden.
+1^{3} 9 Wenn jemand etwas tut – welchen Vorteil hat er davon, daß er sich an-
+1^{13} strengt? 10 Ich sah mir das Geschäft an, für das jeder Mensch durch Gottes

3^{6} Andere Übersetzungsmöglichkeit: »eine Zeit, etwas verloren zu geben.«

dadurch in gewisser Hinsicht auch wieder relativiert werden muß. Gegen Ende seines Buches wird Kohelet ja zu tatkräftigem Handeln aufrufen: 9^{10}; 11^{4-6}. Wie kann er nach allem, was vorangings, dazu kommen? 3^{10-14} geben die Antwort.

3^{5} Möglicherweise hat eine jüdische Auslegungstradition recht, die beim Steinewerfen eine verdeckte Rede vom Geschlechtsverkehr vermutet.

3^{7} Ist beim »Zerreißen« an das Zerreißen des Gewands zu Beginn der Totenklage, beim »Zusammennähen« an das Zeichen für das Ende der Trauerzeit gedacht?

3^{10-15} Obwohl die menschliche Aktivität in 2^{17} als etwas »Schlimmes« (*ra'*) erkannt wurde, wird hier bei der erzählerischen Einführung des letzten Denkschritts, die die Formulierungen von 1^{13} aufgreift, die dort geäußerte Vermutung, es handle sich um ein »schlechtes« (*ra'*) Geschäft, nicht aufgegriffen. In der Tat läuft die nun folgende Aussage, die voraussetzt, daß das menschliche Tun stets zugleich Gottes Tun ist, ganz ins Positive. Von Gott aus ist alles im jeweiligen Augenblick geschehende Tun »vollkommen« oder »schön« (hebr. *jāfæh)*. Das ist darin begründet, daß jedem Geschehen von Gott her »Ewigkeit« zukommt ($3^{11.14}$). Dies ist im Sinn immer neuer Wiederkehr zu verstehen (3^{15}), wodurch das, was in 1^{4-11} vom Kosmos und vom menschlichen Handeln gesagt wurde, nun in Gottes Handeln begründet wird. Dem menschlichen Erkennen (»wiederfinden« 3^{11}) ist dies wegen seiner Begrenztheit nur nicht greifbar. Hier wird also – gegen die menschliche Erfahrung und gegen die bisherige Analyse dieser Erfahrung – unter Rückgriff auf die anfängliche Kosmologie dennoch »Sinn« behauptet. Es ist nicht Sinn und Dauer vom Menschen und für den Menschen,

Auftrag sich abmüht. 11 Gott hat das alles zu seiner Zeit auf vollkommene 1^{15} 3^{14f}
Weise getan. Überdies hat er die Ewigkeit in alles hineingelegt, doch ohne $7^{14.23-29}$ 8^{16f}
daß der Mensch das Tun, das Gott getan hat, von seinem Anfang bis zu Ps 139^{13-18}
seinem Ende wiederfinden könnte. 12 Ich hatte erkannt: Es gibt kein in Sir 39^{16}
allem Tun gründendes Glück, es sei denn, ein jeder freut sich, und so ver- $+2^{10}$
schafft er sich Glück, während er noch lebt, 13 wobei zugleich immer,
wenn ein Mensch ißt und trinkt und durch seinen ganzen Besitz das Glück 2^{24f}
kennenlernt, das ein Geschenk Gottes ist. 14 Jetzt erkannte ich: Alles, was *3^{14-15}:* 1^{4-11}
Gott tut, geschieht in Ewigkeit. Man kann nichts hinzufügen und nichts 1^{15}
abschneiden, und Gott hat bewirkt, daß die Menschen ihn fürchten. $+12^{13}$ Spr 30^{6}
15 Was auch immer geschehen ist, war schon vorher da, und was gesche- Sir 18^{6} 42^{21}
hen soll, ist schon geschehen, und Gott wird das Verjagte wieder suchen. *zu 3^{15}:* + 1^{9f} Sir 5^{3}

DIE ÜBEL DER WELT: 3^{16}–4^{16}

Unrecht bei Gericht: 3^{16-22}

3^{16-22}: 8^{12-15}

16 Noch etwas habe ich beobachtet unter der Sonne: An der Stätte, wo 5^{7}
man Urteil spricht, geschieht Unrecht; an der Stätte, wo man gerechtes

3^{11} Andere Übersetzungsmöglichkeit: »Überdies hat er den Menschen eine Vorstellung von der Ewigkeit eingegeben.«

wohl aber Partizipation am Sinn und an der Dauer, die wie dem ganzen Kosmos so auch dem menschlichen Handeln von Gott aus zukommen. Nichts, was die gleitende Zeit verjagte, ist verloren (3^{15}). In der ganz und gar nicht selbstbestimmten, sondern von außen, vom unbegreiflichen Gott bestimmten Situation im Vertrauen darauf, daß von Gott her alles schön und seiend ist, stehen zu bleiben – das muß wohl die »Furcht Gottes« sein, von der 3^{14} spricht: Ein Schaudern vor dem so ganz unverständlich andern und doch zutiefst im eigenen Tun wirksamen und nahen Gott, »Furcht und Zittern« Kierkegaards. 7^{14} wird das dann noch konkretisieren. Ehe die Schlußsätze in ^{14f} erklingen, greift ^{12f} noch einmal den Anfang des theologischen Abschnitts (2^{24}) auf, wodurch 2^{24}–3^{15} – mit der breiten poetischen Passage in der Mitte – zu einer geschlossenen Einheit wird. Der Schlußsatz könnte ein altbekanntes Sprichwort sein, das aber jetzt ganz im Sinn der Theologie Kohelets zu verstehen ist.

3^{16}–6^{10} Dieser in 4^{17}–5^{6} vom religionskritischen Zentralstück des Buchs unterbrochene Abschnitt kann insofern als »Gesellschaftskritik« bezeichnet werden, als er – im Gegensatz zu der bisherigen Analyse, die von den positivsten menschlichen Möglichkeiten ausging – die Übel der Gesellschaft, vor allem auch die Differenz von arm und reich, beschreibt und kritisch bedenkt. Jetzt wird das breit ausgeführt, was in 2^{18-23} schon durch ein einziges Beispiel in die Hauptausführung des Buchs eingebracht und in der poetischen Passage 3^{2-8} auch schon in seiner Vielfalt angedeutet worden ist. Gerade wenn man die Königsfiktion durchschaute, konnte man im Bisherigen eine naive Identifikation mit dem Lebensgefühl der auf Reichtum und Lebensgenuß bedachten judäischen Aristokratie annehmen, die ihren Weg in die Höhe ja nur über die Unterdrückung und Ausbeutung der breiten Bevölkerung machte. Mit welcher Selbstverständlichkeit hatte sich Kohelet-Salomo in 2^{7} auch scharenweise Sklaven und in 2^{8} Konkubinen zugelegt. Doch der nun folgende Schritt zeigt, daß nur Dialektik des Denkens vorlag. Bei den höchsten Möglichkeiten des Glücksgewinns sollte begonnen werden. Erst wenn diese sich als düster erwiesen hatten, sollte die härtere Wirklichkeit voll einbezogen werden. Im Unterschied zu heutiger Gesellschaftskritik zielt dieser Abschnitt nicht auf eine Veränderung der Gesellschaft durch Umbau ihrer Strukturen. Allenfalls in 5^{8} wird das ptolemäische System der Verpachtung von Königsland dem traditionellen System von freien Bauern auf eigener Scholle vorgezogen, das längst in ein System von Großgütern mit Massen von Hörigen, Tagelöhnern und Sklaven entartet war. Im übrigen scheint die Tatsache, daß auch die Gesellschaft in den Bereich gehört, den der Mensch noch selber macht, nicht im Bewußtsein zu stehen. Die mißlichen Beobachtungen im gesellschaftlichen Bereich dienen Kohelet vielmehr dazu, einmal diesen, einmal jenen Aspekt seiner nunmehr abgeschlossenen grundsätzlichen Ausführungen zu wiederholen, neu zu beleuchten und zu vertiefen. Vieles, was nur kurz anklang, wird jetzt erst breiter ausgeführt. Nach der harten Anstrengung des zusammenhängenden Gedankengangs von 2^{3}–3^{15} werden dem Leser zunächst keine langen Zusammenhänge mehr zugemutet.

Locker schließt sich ein Thema ans andere, und erst von 5^{12} ab folgen die Beispiele in festem Zusammenhang und durchlaufender Ausführung aufeinander. Die Prosa des Ich-Berichts wird beibehalten, doch ist der Aufbau der Einzelstücke in sich variabel, und zwischendurch treten auch andere Stilformen auf. Der Anfang des Abschnitts ist, abgesehen von der neuen Thematik, an der vom bisherigen Erzählfluß Abstand nehmenden neuen Anfangsformel »Noch etwas habe ich beobachtet unter der Sonne« erkennbar (3^{16} *w*^{e}*ʿōd:* nur hier so in Koh). Das Ende des Abschnitts in 6^{10} ergibt sich daraus, daß 6^{11f} als die Einleitung eines neuen Teils erkennbar ist. Zur Abgrenzung des Mittelstücks vgl. nach 4^{16}.

3^{16-22} Wie sich dann in ^{18ff} zeigt, ist das Unrecht bei Gericht ^{16} konkret als Verurteilung von Unschuldigen zum Tod zu denken. Abgesehen von echter Willkürjustiz, vor allem gegenüber den Armen, müssen wir im ptolemäischen Judäa auch mit der Überlagerung und dem Zusammenprall verschiedener Rechtssysteme rechnen. Über jedes traditionelle und lokale Recht sich hinwegsetzend konnte selbst ein einheimischer Steuerpächter aufgrund von Kriegsrecht (das Land war ja erobert worden, Aufstände hatten irgendwann stattgefunden und waren niedergeschlagen worden) Magistrate von Städten hinrichten lassen, die sich aus Verantwortungsgefühl für die Bevölkerung geweigert hatten, ins Unerträgliche erhöhte Tribute abzuliefern. Unmittelbar an die vorangehenden theologischen Ausführungen anschließend unterstreicht Kohelet zunächst, daß auch in einem so furchtbaren Vorgang Gott am Werk ist. Zum Beweis zitiert er in ^{17} einfach in etwas angepaßter Form das allgemeine Prinzip von 3^{1}. Es ist nicht erlaubt, deshalb, weil hier Immoralisches geschieht, Gott aus dem Weltgeschehen herauszuhalten. Die Übersetzungen und Ausleger sind dieser harten Aussage fast immer aus dem Weg gegangen, indem sie ^{17} als Hinweis auf Gottes Gericht über das menschliche Unrecht bei Gericht, sei es später oder sogar im Jenseits, interpretierten. Gott werde gerechte wie ungerechte Richter selbst wieder richten, wenn das »dort« = bei Gott auch erst zu der von ihm bestimmten Zeit ge-

Urteil sprechen sollte, geschieht Unrecht. [17] Da dachte ich mir: Gott ist
es, der den Unschuldigen wie den Schuldigen verurteilt. Denn eine be- 3^{1}
stimmte Zeit für jedes Geschehen und für jedes Tun gibt es (auch) dort.
[18] Was die einzelnen Menschen angeht, dachte ich mir, daß Gott sie her-
ausgegriffen hat und daß sie selbst (daraus) erkennen müssen, daß sie ei-
gentlich Tiere sind. [19] Denn jeder Mensch unterliegt dem Geschick, und
auch die Tiere unterliegen dem Geschick. Sie haben ein und dasselbe Ge- $+2^{14}$ Ps $49^{13.31}$
schick. Wie diese sterben, so sterben jene. Beide haben ein und denselben 6^{6}
Atem. Einen Vorteil des Menschen gegenüber dem Tier gibt es da nicht. *3^{20-21}:* 12^{7}
Beide sind Windhauch. [20] Beide gehen an ein und denselben Ort. Beide Gen 2^{7} 3^{19}
sind aus Staub entstanden, beide kehren zum Staub zurück. [21] Wer weiß, Ps 103^{14} 104^{29}
ob der Atem der einzelnen Menschen wirklich nach oben steigt, während 146^{4} Ijob 34^{14f}
der Atem der Tiere ins Erdreich hinabsinkt? [22] So habe ich eingesehen: Es Sir 17^{1} 40^{11} Weish 2^{2f}
gibt kein Glück, es sei denn, der Mensch kann durch sein Tun Freude ge- *zu 3^{22}:* $+2^{10}$ $+6^{12}$

3^{19} Wörtlich: »Denn jeder Mensch ist Geschick, und auch die Tiere sind Geschick.« Oder: »Denn jeder Mensch ist ein Zufall, und auch die Tiere sind Zufall.«

schehe. Wie 5^{5}; 7^{17} zeigen, rechnet Kohelet durchaus damit, daß Gott zürnt und richtet. Hier jedoch macht der zitierende Rückgriff auf die vorangehenden theologischen Ausführungen dieses Verständnis von [17] unmöglich. Vielleicht wollte der 2. Epilogist den Text so verstanden haben, vgl. 12^{14} und schon 11^{9}. Parallel zur Rolle Gottes im Zusammenhang korrupten Rechtswesens wendet sich [18] dann den Opfern desselben (»einzelnen Menschen«) zu. Sie sind, wie sich aus [17] klar ergibt, nicht allein Opfer menschlichen Unrechts, sondern zugleich von Gott aus der Zahl der Lebenden Ausgeschiedene. Am eigenen, sie vernichtenden Tod müssen sie erfahren, daß sie als Menschen auch nur Tiere sind. Diesen bei den Epikuräern, Popularphilosophen und Satyrikern häufigen Vergleich von Mensch und Tier führt Kohelet in [19-21] breiter aus. Das Leitwort ist »Geschick« (vgl. 2^{14f}, wo noch viel harmloser der Gebildete und der Ungebildete verglichen wurden). In [21] wird dabei Skepsis gegenüber einer uns nicht näher greifbaren Theorie eines Unterschieds des Tods von Mensch und Tier geäußert, mit der Kohelet selbst später in 12^{7} in etwas abgewandelter Form sogar poetisch arbeiten wird. Sie mag an Gen 2f angeknüpft haben. Doch findet sich auch schon bei Euripides eine Äußerung, das aus der Erde Entsprossene kehre im Tod zur Erde zurück, das aus dem αἰθήρ (Himmelsgewölbe) Hervorgegangene aber steige wieder zu ihm auf. Dies mag volkstümliche Formulierung platonisierenden Glaubens an die Unsterblichkeit der Seele gewesen sein, zumindest in der Umwelt Kohelets. Denn in [22] kommt er, doch offenbar assoziativ, zu der These, daß nur in dieser Welt, und da nur vor dem Tod, Glück möglich ist: als Freude, die der Mensch aus seinem Tun gewinnt. Vgl. 2^{10}, wo dies positiv, doch noch nicht exklusiv gesagt wurde. 2^{24} und 3^{12f} hatten eine andere Sinnspitze.

3^{18} Wortspiel *šᵉhæm bᵉhēmah hēmmāh lāhæm*, nur sehr unzureichend übersetzt durch »daß sie eigentlich Tiere sind«.

3^{22} Wie die deutlichere Formulierung des in vielem ähnlichen Verses 6^{12} zeigt (»unter der Sonne«), meint »nach ihm«

winnen. Das ist sein Anteil. Wer könnte es ihm ermöglichen, etwas zu genießen, das erst nach ihm sein wird?

Ausbeutung und Konkurrenzkampf: 4^{1-6}

5^{7} 4^{1} Dann wieder habe ich alles beobachtet, was unter der Sonne getan wird,
um Menschen auszubeuten. Sieh, die Ausgebeuteten weinen, und nie-
mand tröstet sie; von der Hand ihrer Ausbeuter geht Gewalt aus, und
7^{2} Ijob 3^{20-23} niemand tröstet sie. ^{2} Da preise ich immer wieder die Toten, die schon ge-
6^{3-5} Jer 20^{18} storben sind, und nicht die Lebenden, die noch leben müssen. ^{3} Glückli-
cher aber als beide preise ich den, der noch nicht geworden ist, der noch
9^{6} nicht das schlimme Tun gesehen hat, das unter der Sonne getan wird.

nicht »nach seinem Tod in einer anderen Welt«, sondern »nach seinem Tod in dieser Welt«.

4^{1-6} Man könnte auch zwei Einheiten annehmen, $^{1-3}$ und $^{4-6}$. Doch würde dann im ersten Stück die Windhauchaussage ganz fehlen. Besser rechnet man in ^{4} mit einer Ausweitung der ursprünglichen Beobachtung. Diese wird in ^{1} ähnlich wie bei der vorigen Einheit in 3^{16} in einer Art Litanei-Stil eingeführt. Es handelt sich um die Ausbeutung der ansässigen Landbevölkerung und der handwerklich arbeitenden Stadtbewohner durch die reicheren Klassen. Diese hatten entweder im Rahmen von Schuldknechtschaftsverhältnissen direkte Verfügungsgewalt über Personen und ihre Arbeitsleistung oder waren doch durch ihre Monopolstellung allein in der Lage, gegen Ernteerträge und erzeugte Waren jenes Geld zu besorgen, das für die verschiedenen Abgaben an den immer systematischer und bürokratischer zugreifenden Staat benötigt wurde. Gewaltanwendung war gerade bei Schuldknechtschaft nicht ausgeschlossen. Hatte eine Familie alle arbeitsfähigen Erwachsenen und Kinder dem Gläubiger zur Verfügung gestellt und alle Immobilien verpfändet, so war der letzte Schritt der Ausbeutung der gewaltsame Verkauf von Personen als Sklaven im Sinn des griechischen Sklavenbegriffs ins Ausland (vgl. die Lage, wie sie schon zwei Jahrhunderte vorher den Reformen Nehemias vorausging: Neh 5^{1-5}). Der Druck auf die unteren Klassen ist nach ^{4} letztlich darin begründet, daß sowohl in Wirtschaft und Handel als auch im Staatsdienst des ptolemäischen Systems alles durch Konkurrenzkampf bestimmt ist. Die Ausbeutung löst die Klage der Ausgebeuteten aus ^{1}. Ähnlich wie Kohelet selbst in 2^{16} schon einmal mit Klage reagierte, ist ^{2f} eine unter dem Gegenteil, nämlich der Seligpreisung der Toten und Ungeborenen, verdeckte Klage. Der Preis der Toten und Ungeborenen, im AT bei Ijob und Jer aufzufinden, reißt auch im griechischen Raum nicht ab von Homer bis Hegesias, dem Zeitgenossen Kohelets und Haupt der hedonistischen Schule in Alexandria. Hier bei Koh entspringt die Klage der Identifizierung mit den Unterdrückten. Doch die Zusatzbeobachtung in ^{4} macht klar, daß die Unterdrücker in ihrer Verstrikkung in den Konkurrenzkampf um des Erfolges willen eigentlich genauso arm dran sind. So werden von ihnen her abschließend in ^{5f} zwei Sprüche formuliert, von denen zumindest der zweite von Kohelet mit einer Koda versehen worden ist (»und Luftgespinst«). ^{5} ist ein staunender Spruch alter Erfahrungsweisheit: Gegen alle Regeln kann es sein, daß auch Unfähige und Arbeitsscheue genug zu essen haben. ^{6} lobt die Bescheidenheit, weil sie den

4 Denn ich beobachtete: Jede Arbeit und jedes erfolgreiche Tun bedeutet
Konkurrenzkampf zwischen den Menschen. Auch das ist Windhauch und
Luftgespinst.

5 Der Ungebildete legt die Hände in den Schoß Spr 6^{10} 24^{33}
und hat doch sein Fleisch zum Essen.
6 Besser eine Handvoll und Ruhe,
als beide Hände voll und Arbeit und Luftgespinst. 6^{5} Spr 15^{16} 16^{8} 17^{1}

Der alleinstehende Mensch: 4^{7-12}

7 Und wieder habe ich etwas unter der Sonne beobachtet, das Windhauch
ist. 8 Es kommt vor, daß jemand allein steht und niemanden bei sich hat.
Ja, er besitzt nicht einmal einen Sohn oder Bruder. Aber sein Besitz ist
ohne Grenzen, und überdies kann sein Auge vom Reichtum nicht genug 1^{8} 5^{9} Spr 27^{20}
bekommen. Doch für wen strenge ich mich denn an, und warum gönne 2^{18f} Sir 14^{4}
ich mir kein Glück? Auch das ist Windhauch und ein schlechtes Geschäft.
9 Zwei sind besser als einer allein, falls sie nur reichen Ertrag aus ihrem Be-
sitz ziehen. 10 Denn wenn sie hinfallen, richtet einer den anderen auf.
Doch wehe dem, der allein ist, wenn er hinfällt, ohne daß einer bei ihm ist,
der ihn aufrichtet. 11 Außerdem:

Wenn zwei zusammen schlafen, wärmt einer den andern; 1 Kön 1^{1-14}
einer allein – wie soll er warm werden?
12 Und wenn jemand einen einzelnen auch überwältigt,
zwei sind ihm gewachsen,
und eine dreifache Schnur
reißt nicht so schnell.

Menschen vor zuviel Anstrengung bewahrt. Doch hier im Zusammenhang haben beide Sprüche eine ähnliche Funktion wie die ironische Seligpreisung der Toten und Ungeborenen in ^{2f}: wenn nicht verdeckte Klage, dann zumindest Ausdruck der Ratlosigkeit. Denn aus dem System des Konkurrenzkampfs und seiner Folge, der Ausbeutung von Menschen durch Menschen, könnte man sich heraushalten und doch noch genug zu essen und sogar mehr Ruhe haben. Was man dann nicht hätte, wäre »Glück«, das als voller Lebensgenuß nur aus vollem Reichtum kommen kann. Nimmt man ^{5f} nicht als eigentlich das Gegenteil anzielende, ironisch gebrochene Zitierung umlaufender Auffassungen (wonach hinter ^{2f} jeder Anlaß besteht), dann muß man von diesem Text (und von ihm allein) her Kohelet mit jenen Richtungen der Popularphilosophie verbinden, die den Reichtum ablehnten, sich aus dem öffentlichen Leben zurückzogen und das Glück in jener ἡσυχία (Ruhe) suchten, die die Bescheidenheit des Lebens gewährt. Die anderen Äußerungen Kohelets über das Glück legen das nicht nahe.

4^{7-12} Das neue Stück fängt wörtlich wie 4^{1} an, nur daß das Thema, ehe es noch genannt wird, schon als »Windhauch« eingeführt wird: Inzwischen ist »Windhauch« zu einem festen Begriff geworden, alle Analysen, soweit sie nicht ins Theologische ausgreifen, enden bei diesem Begriff, und man kann schon von vornherein etwas damit etikettieren. Obwohl nach 2^{18f} gerade die

4^{13-16}: Sir 11^{1-6}

Wankelmütige Volksgunst: 4^{13-16}

Spr 17^{2} 13 Besser ein junger Mann, der niedriger Herkunft, aber gebildet ist,
als ein König, der alt, aber ungebildet ist –
weil er es nicht mehr verstand, auf Ratschläge zu hören. 14 Der junge
Mann wurde aus dem Gefängnis befreit und wurde König, obwohl er,
während der andere schon regierte, arm zur Welt gekommen war. 15 Aber
ich habe beobachtet, daß alle Lebenden, die unter der Sonne umherlaufen,
sich auf die Seite des nächsten jungen Mannes stellten, der statt seiner
hochkommt. 16 Die Volksmenge nimmt kein Ende, gleichgültig, wer an
1^{9-11} ihre Spitze getreten ist. Im übrigen werden die Späteren auch mit ihm
nicht zufrieden sein. Denn auch das ist Windhauch und Luftgespinst.

Tatsache, daß man seinen Besitz einem Nachfolger vermachen muß, über den man dann nicht mehr verfügen kann, eine Grenzsituation darstellt, ist die Lage eines Menschen, der das Arbeiten und Welterfassen nicht lassen kann, obwohl er allein steht und weder Sohn noch Verwandtschaft hat, ebenso problematisch. Kohelet, der sich in 4^{2f} und ^{5f} schon stark mit den Menschen, von denen er sprach, identifizierte, geht hier im Sicheindenken noch weiter. In der Form »erlebter Rede« stellt er in ^{8} in Ich-Form die entscheidende kritische Frage. In ihr wird auch deutlich, daß das wildwütige Arbeiten es gerade verhindern kann, daß man selbst zum Glück kommt. Nachdem die Windhauch-Aussage erreicht ist, hängt Kohelet hier noch eine Serie von Aussagen (zumindest am Ende festgeprägte Sprichwörter) an, die positiv über die Gemeinsamkeit von Menschen sprechen. Die Beispiele haben Situationen auf der Reise im Auge: Straucheln des ermüdeten Wanderers (^{10}), nächtliche Kälte (^{11}), Überfall (^{12}). Vgl. Homer, Ilias 10,224–226. Zuvor werden in ^{9} diese Sätze der Aussage über den alleinstehenden Menschen von ^{8} entgegengesetzt (im Hebräischen: *'æḥād wᵉ'ēn šēnī-haššᵉnaim min hā'æḥād*). Dabei wird als ausdrückliche Bedingung dafür, daß Gemeinsamkeit der Einsamkeit vorzuziehen ist, gesagt, daß man es selbstverständlich verstehen müsse, aus seiner Arbeit und seinem Besitz zu »Ertrag« oder »Belohnung« zu kommen. Darunter ist zweifellos das »Glück« von ^{8} zu verstehen. Warum Kohelet hier, fast schon im Stil der Kapitel 10–11, soviel Mühe auf ein in traditionell-weisheitlicher Sicht gezeichnetes Gegenbild verwendet? Vielleicht fühlt er, daß er, vor allem auch durch die Königsfiktion, seine Analysen in sehr individualistischer Zuspitzung vorgetragen hat. Da es ihm darauf jedoch nicht ankommt, bringt er hier bei sich bietender Gelegenheit eine kleine Korrektur an. Im übrigen spiegelt sich – wohl eher unbeabsichtigt – in 4^{7-12} die Erfahrung der Vereinzelung, in die das Individuum beim Zusammenbruch der alten segmentären Gesellschaft mit ihren hegenden Clan- und Familiengemeinschaften und beim Sichdurchsetzen der antiken Klassengesellschaft geriet. Dies war in der Oberschicht viel massiver erfahrbar als bei den einfachen Leuten, denen die alten Strukturen gerade erst zerstört wurden.

4^{13-16} Die Sprichwörter, mit denen das letzte Stück endete, sind vermutlich der Anlaß dafür, daß jetzt nicht wieder, wie schon eingespielt, mit »Ich habe beobachtet« angefangen wird, sondern mit einem Sprichwort, das sich von den vorangehenden nur durch den neuen Inhalt abhebt. Es geht dann in Erzählung über, und erst in ihrem Verlauf kommt der Punkt, wo es heißt: »Aber

RATSCHLÄGE FÜR DAS RELIGIÖSE VERHALTEN: 4^{17}–5^{6} — 4^{17}–5^{2}: Jak 1^{19}

Hören, Opfern und Sprechen im Gottesdienst: 4^{17}–5^{2}

17 Zügle deinen Schritt,
wenn du zum Gotteshaus gehst.
Tritt ein, um zuzuhören,
und nicht, wie die Ungebildeten, ~~um Opfer abzugeben.~~ 1 Sam 15^{22}
Sie verstehen nicht einmal, Spr 15^{7f} Hos 6^{6}
Böses zu tun.

4^{17} Andere Übersetzungsmöglichkeit: »um ein Opferfest zu geben.«

ich habe beobachtet« (^{15}). Beim Sprichwort in ^{13} hat Kohelet wohl von Anfang an historische oder legendäre, seinen Lesern bekannte, für uns aber nicht mehr identifizierbare Ereignisse im Auge, sei es aus der eigenen Zeit, sei es aus ferner Vergangenheit. Doch die narrative Aussageabsicht des atemporalen und allgemeingültigen Spruchs zeigt sich erst, wenn von »weil« ab plötzlich Prosa einsetzt und in Vergangenheitsform weitererzählt wird, als sei auch vorher schon erzählt worden. Im ganzen ist in $^{13-16}$ von 3 Herrschern die Rede: von dem alten König, der abgelöst wird; von dem jungen Mann, der aus dem Gefängnis befreit wird, um ihn abzulösen; von einem »nächsten jungen Mann«, der statt des zweiten »hochkommt«. Die Schnelligkeit der Abschilderung dieser Herrschersequenz und die leicht ironische Formulierung vom Beifall »aller Lebenden, die unter der Sonne umherlaufen«, unterstreichen stilistisch das, worum es geht: Die Wankelmütigkeit der Volksgunst und die Wechselfälle an der politischen Spitze. Nebenbei wird schon einmal eine Form eingeführt, die später den ideologiekritischen Teil beherrschen wird: Ein traditioneller Spruch, der am Anfang steht, wird anschließend widerlegt.

4^{17}–5^{6} In 4^{17} setzt völlig unerwartet das bisher noch nicht aufgetretene »Du« der weisheitlichen Mahnrede ein und bleibt bis 5^{6} führend. Ebenso abrupt ist ein neuer Inhalt da: Es geht um das religiöse Verhalten, wobei mehr gewarnt als geboten wird. Nicht das Verhalten von Sündern oder Gesetzesbrechern, sondern das der *kᵉsīlīm*, der »Ungebildeten«, wird kritisiert. Es scheint sich um den religiös Emsigen zu handeln, um die typischen Vollzüge populärer Frömmigkeit, wobei die Fronten nicht zwischen Ober- und Unterschicht verlaufen, sondern wohl eher innerhalb der wohlhabenden Bezugsgruppe Kohelets selbst (vgl. 4^{17} Alternativübersetzung; 5^{2}). Konkret geht es in 4^{17} um das Opferwesen (die vielen Opfer, oder die in Festgelage ausartenden Opferfeiern, gegen die Kohelet das »Zuhören« stellt), in 5^{1} um das wortreiche Beten (das in der Antike selbstverständlich laut und öffentlich geschah), in 5^{3f} um die Neigung, in jeder Not ein Gelübde zu machen (und dann später oft nicht zu erfüllen), in 5^{5} um das leichtfertige Hantieren mit Sühneriten für versehentliche Sünden (*šᵉgāgāh* »Versehen«, vgl. das Gesetz in Num 15^{22-31}), wobei man sich leicht über die Tatsache hinwegtäuschen konnte, daß man in Wirklichkeit echt schuldig geworden war und mit Gottes Strafe rechnen mußte (^{5} scheint dabei die Erklärung, etwas sei nur ein »Versehen« gewesen, als neue, schwere Sünde zu betrachten). Vielleicht ist in 5^{2} und ^{6} unter den Stichwörtern »Träume« und »Worte« halb-

5 1 Sei nicht zu schnell mit dem Mund,
ja selbst innerlich fiebere nicht,
vor Gott das Wort zu ergreifen.
Gott ist im Himmel,
du bist auf der Erde,
also mach wenig Worte!
2 Im Traum schließt man viele Geschäfte ab,
10,14 Spr 10,19 der Ungebildete macht viele Worte.

verdeckt noch von einem weiteren Element volkstümlicher Religion die Rede: von Orakeln, Ekstase und Prophezeiungen. Vielleicht ist sogar die damals beginnende Apokalyptik im Blick. Die positive Weisung Kohelets zum religiösen Verhalten bereitet sich in 5,1b vor: »Gott ist im Himmel, du bist auf der Erde«: Heraustreten also aus einem distanzlosen, gewissermaßen kollegialen Umgang mit Gott, Bewußtmachen des ganz Anderen. Zum Ausdruck kommt sie dann in den allerletzten Worten von 5,6, die als überraschend kurze Schlußzeile an eine Zeile angefügt sind, deren Normalmaß durch die Einschiebung von »Windhauch« mitten in ein normales Wortgefüge als ungewöhnlich zerdehnt empfunden werden mußte: »Du fürchte Gott!« Damit ist man plötzlich ins Zentrum des Denkens Kohelets zurückgerissen: vgl. 3,14. Diese »Gottesfurcht« ist gerade nicht auf besondere religiöse Aktivitäten beschränkt oder in ihnen allein ausdrückbar. Vielmehr ist sie, falls das Leben nur der Uneigentlichkeit entrissen ist, die geheime Essenz jedes Augenblicks des normalen Lebens. Wer sie hat, ist allerdings ein »Wissender«. Bei ihm liegt jede Handlung im Licht der Freiheit. Er allein wäre auch überhaupt erst fähig, »Böses zu tun«. Dazu wären die »Unwissenden«, falls sie die Riten der Sühnung von »Versehen« mit Recht ständig in Anspruch nehmen (5,5), offenbar gar nicht in der Lage (4,17b, das also von 5,5 her seinen Sinn erhält). Im ganzen eine unerbittliche Religionskritik, die heute noch genauso gilt. Sie ist dennoch nicht pauschale Ablehnung jeder äußeren Ausdrucksform der Gottesverehrung, sondern nur Anweisung, wie man sich in diesem selbstverständlich auch zum Menschen gehörenden Bereich am besten verhält, so daß das Wichtigere, die jede rituelle Sonderhandlung transzendierende »Gottesfurcht«, auf jeden Fall keinen Schaden leidet. Insofern gehört dieses religionskritische Zentralstück des Buchs (vgl. Einleitung) der Sache nach zum letzten Teil, der Ethik, die ja dann auch nicht Weisungen geben wird, die aus der Welt herausreißen, sondern Weisungen, die tiefer ins Normale einpflanzen, nur im Licht eines ganz neuen Wissens. – Der Aufbau des Mahnspruchs ist kunstvoll. Zweimal wird das Schema von 6 + 6 + 2 Zeilen durchlaufen. Jeder Sechsergruppe entspricht ein Thema (vgl. oben). Vom Inhalt her gehören chiastisch 4,17 und 5,5, 5,1 und 5,3f zusammen. Sich wiederholende Stichworte ordnen dagegen die Sechsergruppen parallel: 4,17 zu 5,3f, 5,1 zu 5,5. Die beiden Zweiergruppen sind einerseits spruchartige Begründungen für die 12 jeweils vorangehenden Zeilen, andererseits sind sie einander zugeordnet, die zweite baut auf der ersten auf, und zumindest 5,6 könnte zeigen, daß Kohelet, ohne allzu deutlich zu werden, auch noch von Visionen und Prophezeiungen sprechen wollte. Insgesamt umfaßt der Mahnspruch 2 mal 14 = 28 = 4 mal 7 Zeilen (vgl. 3,2-8).

4,17 »Gotteshaus«: Wohl der Tempel von Jerusalem. »Eintreten« meint daher das Betreten von Tempelhöfen.

Gelübde: 5^{3-6}

5^{3-6}: Spr 20^{25} ↗Sir 18^{22f}

3 Wenn du Gott ein Gelübde machst, Num 30^{3} Dtn 23^{22}
dann zögere nicht, es zu erfüllen.
Die Ungebildeten gefallen Gott nicht:
Was du gelobst, erfülle.
4 Es ist besser, wenn du nichts gelobst,
als wenn du etwas gelobst und nicht erfüllst.
5 Laß nicht zu, daß dein Mund
dein Fleisch in Sünde stürzt.
Erkläre nie vor dem Boten:
Es war ein Versehen. +Num 15^{25} Lev 4f
Warum soll Gott zürnen über das, was du redest, Num 15^{22-31} 35^{9-25}
und vernichten, was deine Hände tun?
6 Vielmehr, wo Träume sich mehren und Windhauch und viele Worte,
da fürchte du Gott! +12^{13}

ÜBER ARMUT UND REICHTUM: 5^{7}–6^{10}

Beamtenherrschaft: 5^{7-8}

7 Wenn du beobachtest, daß in der Provinz die Armen ausgebeutet und 3^{16} 4^{1} Ex 23^{6-9}
Gericht und Gerechtigkeit nicht gewährt werden, dann wundere dich Mi 7^{3}
nicht über solche Vorgänge:
Ein Mächtiger deckt den andern,
hinter beiden stehen noch Mächtigere,
8 und es ist auf jeden Fall ein Vorteil für das Land, wenn das bebaute Feld
einem König untersteht.

5^{8} Andere Übersetzungsmöglichkeiten: »aber trotzdem ist es ein« und »wenn ein König sich um das Ackerland kümmert« (so nach den massoretischen Akzenten).

5^{3f} Vgl. Menander: »Wenn du Gott einen Eid schwörst, glaub nicht, daß er ihn vergißt!«
5^{5} »Sünde« wohl im Sinn von Sündenstrafe, die Gott verhängt, weil der Mund sich herausreden will, indem er vergangenes Verhalten einfach als »Versehen« deklariert. Sie trifft das »Fleisch«, den Leib. Es ist wohl an Krankheit gedacht. 5 zeigt, daß Kohelet durchaus damit rechnet, daß Gottes Handeln aus Zorn und als Strafe kommen kann (vgl. 7^{16f}). Er sagt ja auch, daß Gott stets »vollkommen« handelt (3^{11}). Was er durch das ganze Buch hindurch leugnet, ist nur, daß der Mensch die Zusammenhänge des göttlichen Handelns durchschauen könne und dadurch eine Handhabe besitze, die eigene Zukunft zu manipulieren. – Unter dem »Boten« wird gewöhnlich der Priester verstanden, der *šᵉgāgāh*-(Versehen-) Erklärungen zusammen mit den entsprechenden Opfergaben entgegennahm.
5^{7f} erweist sich durch die Themen »ungerechtes Gerichtswesen« und »Ausbeutung der unteren Klassen« als Wie-

deraufnahme des gesellschaftskritischen Teils. Denn diese beiden Themen wurden in 3^{16-22} und 4^{1-6} behandelt. Mit dem Motiv »König« in ^{8} wird zugleich assoziativ an das letzte behandelte Thema der Gesellschaftskritik angeknüpft (4^{13-16}). Die Rechtsthematik ist jetzt auf Klassenjustiz zugespitzt. Dadurch klingt sofort das Leitthema der ganzen 2. Hälfte der Gesellschaftskritik an: arm und reich. Der Form nach führt 5^{7} die Du-Anrede von 4^{17}–5^{6} weiter – ein Zeichen dafür, daß 4^{17}–5^{6} nicht nachträglich eingeschoben, sondern an dieser Stelle vorgesehen waren. Der Anschlußcharakter von ^{7f} zeigt sich auch darin, daß auf die Lokalisierung in Jerusalem (»Gotteshaus« 4^{17}) nun eine Ausweitung auf Juda erfolgt (aus der Perspektive Alexandrias in ^{7} »Provinz« genannt). Anders als bisher im gesellschaftskritischen Teil läuft die Kritik auch nicht auf die Windhauch-Aussage, sondern auf eine konkrete Stellungnahme zwischen älteren und in der Ptolemäerzeit staatlicherseits angestrebten Verhältnissen in der Bodenbewirtschaftung hinaus. Allenfalls deutet sich Kohelets *ceterum censeo* im Wort *ḥēfæṣ* »solche Vorgänge« verhalten an. Denn dieses Wort war kurz zuvor in ^{3} für das benutzt worden, was Gott »gefällt« (in der EÜ ist dieser Zusammenhang nicht erkennbar). ^{7} stellt als Erklärung dafür, daß sich in Judäa nichts gegen Ausbeutung und Klassenjustiz machen läßt, wie eine Art Fatum eine Komplizenschaft unter all denen fest, von denen die Landbevölkerung abhängt. Neben den Dorfautoritäten muß man mit Beamten des judäischen Tempelstaates, aber auch mit einer unmittelbar königlichen Beamtenschaft rechnen, die jeweils verschiedene Kontrollen ausübten und Abgaben eintrieben. Die Erhebung der Abgaben war ferner auch (entweder nach griechischem oder nach dem neuen ägyptischen System) an reiche einheimische Familien verpachtet, die mit der Beamtenschaft zusammenarbeiteten. Dazu kamen durchreisende militärische oder administrative Beauftragte des Königs mit Sondervollmachten, denen freistand, gleichzeitig auch privaten Geschäften nachzugehen. Die Interessen aller Genannten vereinigten sich darin, aus der Bevölkerung auf dem Land möglichst rasch möglichst viel herauszuholen. Innerhalb dieses staatlichen Ausbeutungssystems vollzog sich dann noch der Kampf der kleineren Bauern mit den Großgrundbesitzern und städtischen Kaufleuten um ihre Selbständigkeit. Diese traten ihnen oft zugleich als private Konkurrenten und als staatliche Steuerpächter entgegen. Zum System der Schuldknechtschaft vgl. oben bei 4^{1-6}. Innerhalb dieses von unten her undurchstoßbaren Gewirres gegenseitiger Protektion sieht ^{8} nun noch eine Wahlmöglichkeit zwischen zwei Agrarsystemen, wobei eines als das relativ bessere bezeichnet wird. Das altisraelitische System der freien Bauern auf eigenem Land war dabei, sich auf dem Weg über die Selbstverknechtung von immer mehr Bauern in ein System von wenigen großen privaten Gütern zu verwandeln, die für ihre in der Stadt residierenden Herren von landlosen Tagelöhnern, Hörigen verschiedenen Grades und eigentlichen Sklaven bearbeitet wurden. Demgegenüber betrieb der ptolemäische Staat wohl auch in Judäa eine Politik, die die Verwandlung von möglichst viel bebaubarem Land in »Königsland« (γῆ βασιλική) anstrebte. Königsland wurde von landlosen, aber freien (σώματα λαϊκὰ ἐλευθερά) und vertraglich gesicherten Pächtern (γεωργοὶ βασιλικοί), die privaterseits nicht versklavt werden durften, bebaut. Ein Teil des Königslands wurde auch als Lehen an hohe Beamte vergeben (γῆ ἐν ἀφέσει), die es zu ähnlichen Bedingungen weiterverpachteten. Die Pächter mußten im Endeffekt bis zu zwei Dritteln ihres Ertrags abliefern.

Nutzlosigkeit des Reichtums: 5^{9-11}

9 Wer das Geld liebt,
bekommt vom Geld nie genug; 1^{8} 4^{8}
wer den Luxus liebt,
hat nie genug Einnahmen – auch das ist Windhauch.
10 Mehrt sich das Vermögen, Spr 19^{6} 6^{2}
so mehren sich auch die, die es verzehren.
Was für ein Erfolg bleibt dem Besitzer?
Seine Augen dürfen zusehen. 6^{9}
11 Süß ist der Schlaf des Arbeiters,
ob er wenig oder viel zu essen hat.
Dem Reichen raubt sein voller Bauch +2^{23} 5^{16}
die Ruhe des Schlafs.

Reichtum, der verlorengeht: 5^{12-16} *5^{12}-6^{10}:* 2^{20-23}

12 Es gibt etwas Schlimmes, etwas wie eine Krankheit, das ich unter der +2^{17}
Sonne beobachtet habe: Wenn Reichtum, der für seinen Besitzer ängstlich

5^{11} Andere Übersetzungsmöglichkeit: »sein Vielbesitz.«

Trotzdem sah Kohelet hier offenbar gesichertere Verhältnisse als in dem alten, völlig entarteten System, in dem auf die Dauer die Versklavung des größeren Teils der Bevölkerung abzusehen war. Kohelet spricht allerdings nicht von einem Vorteil für die Bauern oder die armen Leute, sondern von einem »Vorteil für das Land«. Aber er meint damit doch wohl die Menschen des Landes.

5^{9-11} In ^{9} kippt die Perspektive um. Hier denkt Kohelet nicht mehr von den Armen oder vom Land, sondern von den Reichen her, die zu Unrecht und Ausbeutung bereit sind, damit sich bei ihnen selbst immer mehr Reichtum akkumuliert. Es handelt sich um eine Sprichwortreihe, die durch ein chiastisches Stichwortmuster zusammengehalten wird: *śb῾* »satt« – *’kl* »essen« – *’kl* »essen« – *śb῾* »satt« (in der EÜ nicht erkennbar). Die einzelnen Sprüche spielen mit Wortentsprechungen. Der Windhauch-Satz gibt der Reihe eine Wende: ^{9} beschreibt die Unersättlichkeit der Geldgier, ^{10f} liefert für dieses Urteil Begründungen. Dabei werden Motive und Stichworte angeschlagen, die in den dann folgenden Prosaanalysen von 5^{12}–6^{10} wiederkehren werden, z. B. »essen« und »satt«. Auf lockere Weise übt 5^{9-11} für 5^{12}–6^{10} eine ähnliche Funktion aus wie 1^{13}–2^{2} für 2^{3}–3^{15}. Aus der israelitischen Spruchtradition lassen sich für 5^{9-11} eigentümlicherweise wenig gute Parallelen beibringen. Dagegen dürfte hinter »dem, der das Geld liebt«, der φιλάργυρος und hinter »dem, der den Luxus liebt«, der φιλόπλουτος der Kyniker erkennbar sein. ^{11b} kann an Überessen denken (so die EÜ), oder auch an die Sorgen, die der viele Besitz bereitet, vgl. 2^{23}.

5^{12}–6^{10} ist der zweite längere und zusammenhängende Prosatext des Buchs und kann als eine breite Ausarbeitung von 2^{20-23} betrachtet werden. Daß genau dieser »Fall« aus dem anthropologischen Teil aufgegriffen wird, zeigt sich neben dem Inhalt auch an formalen Merkmalen. »Es kommt vor, daß« 2^{21}

gehütet wurde, diesem Schlimmes brachte. 13 Durch ein schlechtes Ge-
schäft ging ihm dieser Reichtum verloren. Er hatte einen Sohn gezeugt,

5^{13} Andere Übersetzungsmöglichkeit: »durch ein schlimmes Ereignis.«

entspricht im Urtext dem »Es gibt« 5^{12}; 6^{1} (sonst so nur noch 8^{14}; 10^{5}). »Schlimmes«, das häufig vorkomme und auf den Menschen laste, $2^{17.21}$ kehrt wieder in $5^{12.15}$; $6^{1.2}$ (sonst so nur noch 8^{6}; 10^{5}). Im Stil gleicht 5^{12}–6^{10} der Prosa von 2^{3}–3^{16}, wobei jedoch ähnlich wie dort gegen Ende das Ich-Erzählen zurücktritt. Die Aufteilung der EÜ hält sich an die »Fälle«, die diskutiert werden. Der »Fall« von 2^{20-23} (Ein Mensch müht sich ab, ein anderer genießt schon zu dessen Lebzeiten das aus diesen Mühen entspringende Glück) wird in 5^{12-16} und 6^{1f} zweimal unter jeweils verschiedenen Rücksichten ausgeführt (vgl. in 2^{24-26} die theologische Wiederaufnahme dieses »Falls«): Einmal steht der Reiche im Vordergrund, dem alles genommen wird und der dann für seine Schulden arbeiten muß; beim zweitenmal die Tatsache, daß ein anderer der Nutznießer ist. Die zweite Fallschilderung ist theologisch formuliert, und deshalb ist in 5^{17-19} eine positive Ausführung über Gott und das menschliche Glück vorangestellt. Sie nimmt die Gedanken aus 2^{24} auf und führt sie weiter. 5^{17-19} und 6^{1f} sind durch die Formulierung wie Bild und Gegenbild aufeinander abgestimmt, deshalb hat die EÜ beides zu einem Abschnitt zusammengezogen. Der zweite »Fall« 6^{1f} wird dann in 6^{3-5} und 6^{6-9} in so etwas wie »Unterfällen« zweimal steigernd und variierend weiterdurchdacht, in 6^{6-9} im Irrealis. Auch wenn eine große Familie und langes Leben hinzukommen ($^{3-5}$) oder wenn undenkbar langes Leben gegeben wäre, doch es handelt sich um einen zwar Gebildeten, aber Armen ($^{6-9}$), dann hilft auch dies alles nichts, wenn kein Glück zustande kommt. Diese beiden Beispielvarianten verbinden sich mit einem Preis der Fehlgeburt $^{3-5}$ (vgl. die ironische Preisung 4^{2f}) und mit einer weiteren Aussage über den Tod ^{7f}. Ein Spruch ^{9} beschließt den letzten »Fall«, und eine Sentenz ^{10} den ganzen Komplex. In 5^{12}-6^{10} liegt wohl das eigentliche Gegenbild zu dem Bild gelingender Glücksuche aus 2^{3-10} vor, das ja, durch die Königsfiktion nur ins Letzte gesteigert, durchaus eine biographische Möglichkeit eines Familienchefs einer reicheren judäischen Familie zeichnete. Hier ist die andere gezeichnet – und der Mensch hat es nicht in der Hand, welche der beiden bei ihm eintritt. Deshalb muß Kohelet hier vom Unglück aus genau so auf die Todesgewißheit hinlenken wie vorher bei der Betrachtung des Glücks. Die gesellschaftskritischen Ausführungen sind, trotz 5^{7f}, im ganzen völlig den anthropologisch-theologischen von 1^{12}–3^{15} zugeordnet. Im einzelnen sind die Gedanken oft schwer zu entziffern. Da die Grundgedanken weiter vorn im Buch schon zusammenhängend ausgeführt sind, läßt sich Kohelet hier oft von einzelnen Stichworten zu dieser oder jener Wiederaufnahme oder Vertiefung anregen. Um den sprachlichen Vorgang zu verstehen, mag man an die Verarbeitung von Themen in der Musik denken.

5^{12} »Schlimmes« kann seit $2^{17.21}$, das Bild verschärfend, für »Windhauch« stehen. Hier und in ^{15f}; 6^{2} tritt noch erweiternd das Stichwort »krank, Krankheit« hinzu. Wenn ein Reicher nicht dazu kam, das Leben zu genießen, wurde das auch bei den Kynikern als eine »Krankheit« bezeichnet.

5^{13} Der Sohn wird in der Fallbeschreibung genannt, um die volle Normalität der Situation dieses reichen Mannes zu

aber jetzt hat er nichts mehr, das ihm gehört. ^{14} Wie er aus dem Leib seiner Ijob 1^{21}
Mutter herausgekommen ist – nackt, wie er kam, muß er wieder gehen.
Von seinem Besitz darf er überhaupt nichts forttragen, nichts, das er als
ihm gehörig mitnehmen könnte. ^{15} So ist auch dies etwas Schlimmes, et-
was wie eine Krankheit. Genau wie er kam, muß er gehen. Welchen Vor-
teil bringt es ihm, daß er sich anstrengt für den Wind? ^{16} Auch wird er
während seines ganzen restlichen Lebens sein Essen im Dunkeln einneh-
men; er wird sich häufig ärgern, und Krankheit und Unmut werden ihn +2^{23}
plagen.

Reichtum, der doch keine Freude bringt: 5^{17}–6^{2}

^{17} Das ist etwas, was ich eingesehen habe: Das vollkommene Glück be- +2^{10}
steht darin, daß jemand ißt und trinkt und das Glück kennenlernt durch
seinen eigenen Besitz, für den er sich unter der Sonne anstrengt während
der wenigen Tage seines Lebens, die Gott ihm geschenkt hat. Denn das ist

5^{17} Wörtlich: »das Gute, welches schön ist,« oder »das Glück, welches vollkommen ist.«

kennzeichnen. Jede Zukunft scheint gesichert. Im Rest des Verses und in $^{14-16}$ ist dann nicht von dem Sohn, sondern von dem Reichen selbst die Rede. Das Sohnesmotiv ist auch deshalb wichtig, weil es in 6^{3} aufgegriffen und abgewandelt werden soll.

5^{14} entfaltet die Schlußaussage von ^{13} in der Andeutung einer konkreten Szene. Im Unterschied zu Ijob 1^{21} ist beim »Gehen« hier nicht vom Tod die Rede. Es handelt sich um die Einziehung jeglicher Habe, selbst der Kleider auf dem Leib, durch die Gläubiger, die ihre Forderungen eintreiben.

5^{15f} faßt alles durch Motive aus ^{12} und ^{14} zusammen, entläßt dann aber aus der Zusammenfassung heraus noch einen verschärfenden Nachtrag – eine beliebte Figur antiker Rhetorik. Jetzt ist das weitere Leben des verarmten Reichen im Blick. Er muß – wohl in Schuldknechtschaft – für die Abbezahlung seiner Schulden arbeiten, wenn er nicht sogar als Sklave verkauft ist, was ^{16} für die aristokratischen Leser des Buchs nur verhüllt andeuten würde. ^{16} beginnt im Urtext genauso wie 2^{23}. Auch das Stichwort »Ärger« erinnert in diesem Abschlußspruch an den Abschlußspruch 2^{23}.

5^{17} »Vollkommenes Glück«: Hinter diesem Ausdruck dürften griechische Formulierungen stehen – das aus der Lyrik stammende καλὸν φίλον und das ἀγαθὸν ὅτι καλόν, das in der gehobeneren Philosophie seit Plato an dessen Stelle tritt. Doch im Rahmen des Buches Kohelet geschieht vor allem noch etwas anderes. Das bisher isoliert gebrauchte Wort »Glück« ($2^{1.3.24}$; $3^{12f.22}$) verbindet sich jetzt mit dem Wort für »schön, vollkommen«, das bisher nur einmal, und da als Kennzeichnung des Tuns Gottes vorkam: 3^{11}. Wenn nun »Glück, das vollkommen ist«, als Bezeichnung erscheint, dann ist von vornherein angedeutet, daß in solchem Glück das Handeln Gottes in seiner dem Menschen an sich verborgenen (3^{11}) Schönheit erfahrbar werden könnte. ^{17} ist durch diesen Ausdruck also von Anfang an ein Satz mit theologischen Dimensionen, auch wenn das Wort »Gott« erst gegen Ende und fast wie beiläufig kommt.

in der Freude seines Herzens offenbart

6[2] sein Anteil. [18] Außerdem: Immer, wenn Gott einem Menschen Reichtum
und Wohlstand geschenkt hat und ihn ermächtigt hat, davon zu essen und
seinen Anteil fortzutragen und durch seinen Besitz Freude zu gewinnen,
besteht das eigentliche Geschenk Gottes darin, [19] daß dieser Mensch sich
nicht so oft daran erinnern muß, wie wenige Tage sein Leben zählt, weil
Gott ihn sich um die Freude seines Herzens bemühen läßt. 6[1] Doch
+2[17] 5[12] 8[6] es gibt etwas Schlimmes, das ich unter der Sonne beobachtet habe; es lastet
5[18] häufig auf dem Menschen: [2] Gott schenkt einem Menschen so viel Reich-
tum, Wohlstand und Geltung, daß ihm nichts fehlt von allem, was er sich
5[10] Lk 12[20] wünschen könnte; aber Gott ermächtigt ihn nicht, davon zu essen, son-
Sir 14[4] dern ein Fremder ißt es auf. Das ist Windhauch und eine schlimme Krank-
heit.

5[19] Andere Übersetzungsmöglichkeit: »weil Gott ihm durch die Freude seines Herzens Antwort gibt.«

6[2f] Andere Übersetzungsmöglichkeit: »daß ihm, wenn sein Gaumen etwas begehrt, nichts fehlt ... nicht bedienen kann, um seinen Gaumen zu sättigen.« Gaumen ist dabei im Hebräischen das gleiche Wort wie »Schlund« und »Rachen« in 6[7.9].

5[18f] führen weiter, während [17] nur die Erkenntnisse von 2[24]; 3[12f.22] rekapituliert hatte. Neu ist, daß das Glück als Geschenk Gottes phänomenologisch beschrieben wird. Im Glück tritt das Denken an den Tod – also gerade das, wohinein Kohelet seine Leser zu führen versucht – im Bewußtsein zurück. Es wird selten. Das Glück ist also Ekstase, die das Bewußtsein auf einen Punkt vereinigt. Auf welchen? Hier setzen leider fast unüberwindliche Deutungsschwierigkeiten ein. Die EÜ übersetzt: »Weil Gott ihn sich um die Freude seines Herzens bemühen läßt.« Dann wäre das Höchste an der Freude nicht das psychische Phänomen »Freude« selbst (das mag sinnliches Lustgefühl sein, erklärbares Körperwohlbefinden), sondern das Sichvergessen des arbeitenden Menschen, wenn er um der Freude willen sich anstrengt. In der oben angegebenen Alternativübersetzung (»Weil Gott [ihm] durch die Freude seines Herzens Antwort gibt«) wäre die Glücks-Ekstase im psychischen Phänomen »Freude« selbst gegeben – insofern dieses nämlich zugleich göttliche »Antwort«, so etwas wie »Offenbarung« wäre. Das müßte meinen, daß in der Freude selbst unbegreifflich genau das erfaßt wird, wohin der Mensch reflex nur durch das Bedenken des Tods und durch das Denkverfahren, das die Vollkommenheit von Gottes Handeln schlußfolgert, gelangen kann. Bei dem hohen Wert, den im Buch Kohelet einerseits das Bedenken des Tods, andererseits das Geschenk des Glücks erhalten, möchte man sich fast eher der zweiten Deutung (und Übersetzung) zuneigen. Denn dann verdrängt die Ekstase des Glücks nicht den Schrecken des Denkens, sondern hebt ihn in sich auf. In der Freude ist dann das Ergebnis rechten Denkens – die Vollkommenheit und Ewigkeit göttlichen Handelns in allen Geschehnissen – unmittelbar als Offenbarung gegeben.

6[2] »Fremder«: Vielleicht ist nur an jemanden gedacht, der nicht zur eigenen Familie gehört; doch normalerweise meint *nokrī* einen Ausländer. Nichtjuden aus den Nachbargebieten, etwa Ammoniter im Osten oder Idumäer im

Langes Leben und Reichtum ohne Freude: 6^{3-5}

3 Wenn ein Mann hundert Söhne zeugt und viele Jahre lebt, so daß seine
Lebenszeit wirklich lang ist; wenn er sich selbst aber seines Vermögens
doch nicht bedienen kann, um sich satt zu essen; auch wenn niemals ein
Grab auf ihn warten würde – ich sage: Eine Fehlgeburt hat es besser als er. 4^{3} Ijob 3^{10-16}
4 Denn: Jer 20^{17}

Als Windhauch kam sie,
ins Dunkel geht sie,
in Dunkel bleibt ihr Name gehüllt.

5 Sie hat auch die Sonne nicht gesehen und nicht gekannt. So hat sie Ruhe, 4^{6}
er nicht.

Langes Leben in Armut und ohne Freude: 6^{6-10}

6 Und wenn er zweimal tausend Jahre lebte, aber das Glück nicht kennen-
lernte: Gehen nicht beide zu ein und demselben Ort? 7 Alles Arbeiten des 3^{20}

6^{3} Andere Übersetzungsmöglichkeit: »um sich satt zu essen, und am Ende auch kein Begräbnis erhält.«

6^{6} Andere Übersetzungsmöglichkeit: »tausendmal tausend Jahre.«

6^{7} Andere Übersetzungsmöglichkeit: »Alles Arbeiten des Menschen ist für seinen Mund, und doch wird sein Rachen niemals voll.«

Süden (diese waren der Herkunft nach zum Teil Phönizier), wurden auch in Judäa ansässig. Dazu erhielten Griechen aus der höchsten Schicht Alexandriens in der Provinz Syrien und Phönizien, zu der Judäa gehörte, Lehensgüter und erwarben sich dann auch Privatbesitz. Man war in den oberen Kreisen Jerusalems nicht mehr wirklich unter sich.

6^{3-5} Euripides: »Wenn einer Glück hat und ein Vermögen erwarb, aber zuhause nichts von den Gütern versucht, werde ich ihn nie glücklich nennen.«

6^{6-9} Der springende Punkt an diesem irrealen Fall eines geradezu unendlich langen Lebens kommt wohl erst in [8], und da schon in einer allgemeinen Aussage nachgeschoben, zur Sprache: Vorausgesetzt wird ein Subjekt, das zwar gebildet, aber arm ist. Lehnt man dieses Verständnis ab, dann ist der Fall schon am Ende von 6^{6} abgehandelt, und dann wird der Topos »Sterbenmüssen« angehängt, in dessen Rahmen dann auch, 2^{13-15} aufgreifend, Gebildeter und Ungebildeter verglichen werden. Dieses Thema würde assoziativ noch im gleichen Vers [8] kurz ein verwandtes Thema emporlocken: Der Gebildete, der aber arm ist (vgl. später 9^{15f}).

6^{6} Das Motiv des »Gehens« aus 5^{14f}, das dort als etwas innerhalb des Lebens zu betrachten war, wird nun als Weggehen aus diesem Leben = Sterben wiederaufgenommen. Der »eine Ort« ist das Totenreich. Dies macht die EÜ in [7], ein hebräisches Suffix interpretierend, ausdrücklich. Die abschließende Frage in [6] hat den Rhythmus der Totenklage.

6^{7} Da die Glücksthematik im ganzen Zusammenhang, von 5^{9-11} ausgelöst, unter dem Gesichtspunkt Hunger-Essen-Sattwerden behandelt wird, schildert Kohelet den Tod als den wahren und letzten Hungrigen, Fressenden, sich Sättigenden.

1^{7f} Jes 5^{14} Hab 2^{5} Menschen ist für den Rachen des Totenreichs, und dessen Schlund wird
Spr 27^{20} 30^{16} niemals voll. 8 Denn was hat der Gebildete dem Ungebildeten voraus, was
2^{13-15} 9^{15} nutzt es dem Armen, auch wenn er etwas kann, noch unter den Lebenden
zu weilen?
5^{10} 11^{9} 9 Besser, etwas vor Augen haben,
als ein hungriger Rachen.
1^{9} 3^{14f} Gen 1 Aber auch das ist Windhauch und Luftgespinst. 10 Was auch immer je-
Am 3^{2} Jer 1^{5} mand war, er hat vorher schon seinen Namen bekommen; es war erkannt,
Ijob 9 daß er nur ein Mensch sein wird, und er kann nicht mit dem streiten, der
Weish 12^{12} mächtiger als er ist.

ALTE SPRUCHWEISHEITEN – KRITISCH ÜBERPRÜFT: 6^{11}–9^{6}

Einleitung: 6^{11-12}

7^{11f} 7^{1-18} 8^{17} 11 Es gibt viele Worte, die nur den Windhauch vermehren. Was nutzt das
dem Menschen? 12 Denn: Wer kann erkennen, was für den Menschen bes-
7^{15} 9^{9} ser ist in seinem Leben, während der wenigen Tage seines Lebens voll
8^{13} 1 Chr 29^{15} Windhauch, die er wie ein Schatten verbringt? Und wer kann dem Men-
Ps 39^{7} Ijob 14^{1f} schen verkünden, was nach ihm unter der Sonne geschehen wird?
3^{22} 7^{14} 8^{7} 9^{3}
10^{14}

6^{9} Durch die Spruchform wird das Gefühl eines Abschlusses vermittelt. Inhaltlich läßt sich der Spruch ganz verschieden verstehen, so daß zugleich eine gewisse Schwebelage entsteht. Im Sinn traditioneller Weisheit kann er besagen, der Spatz in der Hand sei besser als die Taube auf dem Dach. Da aber vorher vom hungrigen Rachen des Tods die Rede war, kann man auch verstehen: Besser leben als tot sein (vgl. vor allem 9^{4}). Doch 5^{10} hat auch das Zusehen der Augen schon negativ getönt. Soll also vielleicht gesagt sein, sogar, obwohl selbst nur arbeitend, zusehen zu müssen, wie andere glücklich sind, sei noch besser als Totsein? Der Windhauch-Satz schließt sich an diesen Spruch an, schließt aber zugleich ganz $^{6-9}$ ab.

6^{10} Die Passiva machen Gott zum ungenannten Subjekt dessen, was gesagt wird. »Seinen Namen bekommen« meint altorientalisch: Ins Dasein treten (vgl. 6^{4}). Soll im Sinn der Kreislauflehre gesagt sein, daß alles Tun, das jemanden ausmacht, vorher schon einmal existiert hat (1^{9f}; 3^{14f})? Oder soll nur im Sinn von 3^{1-9} gesagt sein, daß alles von Gott her bestimmt ist? Jedenfalls sind dem Menschen die Grenzen des Menschseins gesetzt. Er kann sich nicht wehren. Gegen wen? Der Text expliziert nicht, wer mit dem »Stärkeren« gemeint ist. Gott (vgl. Ijob)? Der Tod (vgl. das, was voranging)? Falls Gott gemeint ist, vgl. Menander: μὴ θεομάχει (Kämpf nicht gegen Gott).

6^{11}–9^{6} Hatte der Abschnitt 3^{16}–6^{10} die grundlegenden Ausführungen des Buchanfangs auf eine breitere Erfahrungsbasis gestellt und in Einzelaspekten vertieft, so folgt nun eine Auseinandersetzung mit der ganz anderen geistigen Welt des Lesers oder Hörers. Man kann daher von einem ideologiekritischen Teil sprechen. Jede Gesellschaft entwickelt eine symbolische Sinnwelt als Überbau und ein Bildungssystem, um sie neuen Generationen zu vermitteln und diese so lebenstüchtig zu machen. Für eine bürgerliche Welt war dies z. B. die humanistische Bildung, für einen Teil unserer Welt ist es der sozialistische Humanismus. In Israel, oder zumindest in der Oberschicht Judas, der Kohelet zuzuordnen ist, war es die sogenannte »Weisheit« gewesen. Diese war nicht allein, aber doch vor allem durch Lernen von Sprichwörtern vermittelt worden (vgl. vor allem Spr). Sie erfaßten mannigfaltigste Lebenssituationen, doch kreisten sie vor allem um Reichtum, Rechtsleben, Hofsituationen.

Lob von Wissen und Bildung spielte als Selbstlegitimation des Lehrwesens und Motivation des Schülers eine große Rolle. Die gute Rede und die Selbstbeherrschung, die Bedeutung des guten Rufs, die zerstörende Gewalt von Gerücht und Verleumdung wurden hervorgehoben. Wichtig war die als Erfahrung vieler Generationen auftretende These, daß Bildung langes Leben sichert (daß man irgendwann sterben mußte, war klar; aber zu fürchten war ein zu früher Tod). Nochmals hinter ihr stand das Prinzip des Tun-Ergehens-Zusammenhangs (wofür die Vorstellung von der göttlichen Vergeltung nur eine Sonderausprägung war): Gutes Handeln bringt Glück, schlechtes Unglück. In einer Welt gleichberechtigter freier Bauern und überschaubaren Stadtlebens, die im wesentlichen nach den Regeln der gegenseitigen Unterstützung innerhalb des Clans und der Ortsgemeinde funktionierte, war dieses Deutungssystem plausibel und rüstete den jungen Mann für das ihn erwartende Leben aus. In der unüberschaubar gewordenen Welt Kohelets trug es nicht mehr, und das hatte ja Kohelet, auf entscheidende Impulse der griechischen Bildungswelt hinhörend, dazu gebracht, ein neues Deutungssystem zu entwerfen. Durchsetzen konnte er dieses jedoch nur, wenn er das alte reflex destruierte. Deshalb ist dieser Teil des Buchs so konstruiert, daß immer wieder, meist in Form eines bekannten Sprichworts, ein typisches Element der traditionellen Bildung zitiert und dann kritisch behandelt wird. Wieder, nach der Anstrengung des langen Prosastücks 5^{12}–6^{10}, beginnt alles locker. Kohelet kommentiert einfach Sprüche durch andere Sprüche. Dann wird zuerst kurz in 7^{10}, immer breiter von 7^{13} an auch in Prosa geantwortet. Im letzten Stück (ab 8^{16}) ist nur noch Prosa da, und der vorausgesetzte Spruch wird nur noch anspielend erwähnt (8^{17}). Die Kritik der traditionellen Bildung geschieht natürlich hauptsächlich wieder unter Rückgriff auf bisher schon Entwickeltes. Doch fehlt es auch nicht an neuen Beobachtungen und Überlegungen, etwa in 7^{25ff}. Der dialogische Charakter des Abschnitts mag dazu geführt haben, daß hier mehr als bisher das »Du« der Anrede erscheint. Der Abschnitt beginnt mit einer klar hervortretenden Einleitung in 6^{11f}. In 7^{23-25} wird so etwas wie eine kleine Rast mit Rückblick und Vorblick veranstaltet. Von 8^{5} ab liegt eigentlich wieder eine zusammenhängende Gedankenführung vor, und die Aufteilung der EÜ ist schon an der Überschrift bei 8^{12} (»Weiterführung«) in ihrer Relativität erkennbar. Über den Schluß des Abschnitts (nach 8^{15} oder nach 9^{6}) kann man streiten (vgl. auch zu 9^{7}–12^{7}); doch scheint 8^{16}–9^{6} noch eine Auseinandersetzung mit der Bildung zu sein. In der EÜ wird jeweils ein Zitat und seine Kritik als Einheit genommen. Ein Gedankenstrich trennt die beiden.

6^{11} »Worte«: Sprichwörter, wie sie ab 7^{1} zitiert und kritisiert werden. »Was nutzt das« wird in 7^{11f} aufgegriffen (in der EÜ nicht erkennbar).

6^{12} »besser« spielt auf die Sprichwortstruktur »Besser A als B (denn...)« an, die in 7^{1-14} in Zitat wie Gegenspruch das Bild bestimmen wird: In 7^{1-10} stehen 7 derartige Sprüche, in ^{11f} folgt ein achter, noch komplizierter aufgebauter. – Wichtig für die Fragestellung

Zum Thema: Nachruhm: 7^{1-4}

Spr 22^{1} Sir 41^{11-13} 7^{1} Besser ein guter Name als Parfüm –
und der Tag eines Todes als der Tag einer Geburt;
7^{2-3}: 11^{9}-12^{7} 2 besser der Gang in ein Haus, wo man trauert,
als der Gang in ein Haus, wo man trinkt.
Weil dies das Ende jedes Menschen ist,
Sir 7^{36} macht, wer noch lebt, sich Gedanken.
↗2 Kor 7^{10f} 3 Besser sich ärgern als lachen,
denn bei einem vergrämten Gesicht wird das Herz heiter.

7^{1} Wörtlich: »Besser ein Name als Parfüm – und der Tag, wo jemand stirbt, als der Tag, wo er geboren wurde.«

7^{3} Andere Übersetzungsmöglichkeit: »bei einem vergrämten Gesicht sind die Gedanken auf guter Bahn.«

Kohelets in diesem Abschnitt und dann auch im ethischen Schlußabschnitt des Buchs ist, daß ihn nicht die Frage nach dem interessiert, was immer und überall für die Menschen gut ist, sondern nach dem, was für den einzelnen in seinem Leben gut ist. Ähnliche Zuspitzungen der Aussage wiederholen sich in 7^{15}; 9^{9}. Genau solche Zuspitzungen können Staatsideologien marxistischen Typs dem Einzelnen höchstens auszureden versuchen, nicht aber befriedigend beantworten. – In einzelnen Wortgruppen des Verses wird nach Art von 1^{12}–2^{2}; 2^{12}; 5^{9-11} auf Texte bis ins Kapitel 8 hinein angespielt: $7^{14.15}$; $8^{7.13.16f}$; vgl. 9^{3}. Inhaltlich wird durch rhetorische Fragen Skepsis ausgedrückt gegenüber der Fähigkeit des weisheitlichen Bildungssystems, die Wirklichkeit zu analysieren und dem menschlichen Verhalten zuverlässige Prognosen zu geben. Vgl. Pindar: »Rings um des Menschen Geist schweben Irrungen ohne Zahl; er hat kein Mittel, herauszufinden, was jetzt und am Ende für ihn am besten ist.«

7^{1-14} Sprachlich geschieht hier ein sehr subtiler Vorgang. Wenn die weisheitliche Tradition in ihren Texten scheinbar zufällig und spielerisch Spruch an Spruch reihte, verkettete sie diese doch oft zugleich, und zwar nicht nur durch inhaltliche Assoziationen, sondern auch auf der Ebene von Wortwiederholungen, Assonanzen, Reimen usw. Ein solches Spruchverkettungsmuster ist etwa bis ^{12} erkennbar. In ^{14} schließt dann das Stichwort »nach ihm« einen ersten Kreis zu 6^{12}. ^{2} und ^{3f} sind z. B. parallel gebaut: »Besser ... Besser ...«. Zugleich bilden von den Stichworten her im Sinne eines Chiasmus die äußeren Zeilen (»Haus, wo man trauert ... Haus, wo man trinkt / sich freut«) einen Rahmen um die mit gleichem Stichwort endenden inneren Zeilen (*lēb* – in der EÜ nicht erkennbar, da einmal mit »Gedanken«, einmal mit »Herz« übersetzt). Ferner führt ^{4} fast unmerkbar ein neues Begriffspaar ein (»gebildet – ungebildet«), das aber dann geradezu notwendig das Sprichwort in ^{5} provoziert. Viele andere Fäden dieses Sprachgewebes lassen sich auch aus der EÜ ablesen. Von der Sprachgestalt her wird also die Erwartung eines schönen Sprichwortteppichs traditioneller Art erzeugt. Doch genau diese Erwartung wird dann auf der Ebene des Inhalts systematisch frustriert. In mehrfacher Abfolge werden, sei es durch subtile Aspektverschiebung, sei es durch harte Gegenaussagen, die traditionellen Aussagen als schief, leer und falsch erwiesen. Diese sachliche Destruktion der bisherigen Bildung spiegelt sich dann allerdings auch formal. Langsam schie-

[4] Das Herz der Gebildeten ist im Haus, wo man trauert,
das Herz der Ungebildeten im Haus, wo man sich freut.

Zum Thema: Bildung: 7[5-7]

[5] Besser, die Mahnrede eines Gebildeten anhören, Spr 13[1] 15[32]
als dem Gesang der Ungebildeten lauschen;

7[5] Andere Übersetzungsmöglichkeit: »als daß jemand zuhört, wenn ihn Ungebildete besingen.«

ben sich Prosafetzen in das Spruchgefüge ein. Etwa von [13] ab überwuchert die Prosa die Spruchverkettung. Ab [14] übernimmt sie durch eine typische Prosaform (Ich habe beobachtet...) sprachlich die Führung.

7[1-4] Der zitierte Spruch [1a] (im Urtext ein ganz dichtes Wortspiel: *ṭōb šēm miššæmæn ṭōb*) mag ursprünglich den kleinen Mann getröstet haben, wenn er darunter litt, daß schöne Feste außerhalb seiner Möglichkeiten lagen, weil er ja nicht einmal das Geld für die dabei selbstverständlichen Kosmetika und Odorantien hatte. Er besitze ja ein höheres Gut: seinen guten Ruf (»Name«), den er sich auch ohne Geld, nur durch Tugend und gesellschaftliches Wohlverhalten erworben habe. Vielleicht wurde der Spruch im gleichen Milieu auch dann hervorgekramt, wenn bei einem Begräbnis die Spezereien für die Leichensalbung fehlten – der Nachruhm (»Name«) sei mehr wert. Hier knüpft mit gespielt harmloser Selbstverständlichkeit (nicht einmal das Wort »besser« wird wiederholt) Kohelets Weiterführung in [1b] an. Er nimmt den Satz beim Wort. Messerscharf schließt er, daß dieses angeblich so hohe Gut des Nachruhms ja erst beim Tod gegeben ist, bei der Geburt eines Menschen aber noch völlig abgeht. Also ergibt sich [1b]. Die Verse [2-4] ziehen dann daraus wieder Folgerungen. Alles ist dabei mehrbödig. Da ist nichts, was sich nicht notwendig aus [1a] ergäbe. Aber niemals hätte früher jemand solche Folgerungen gezogen. Alles ist also zugleich Ironie und Spott. Das schöne Sprichwort wird *ad absurdum* geführt. Trotzdem herrscht auch wieder tiefer Ernst. Denn wie durch Zufall ist Kohelet mitten in eines seiner Hauptthemen geraten: Das Leben muß vom Tod her durchgedacht werden. Und abermals weiß der Leser des bisherigen Buchs zugleich, daß Kohelet nicht bei vergrämtem Gesicht verbleiben, sondern angesichts des Todes zur Freude auffordern würde. Alles ist richtig und falsch zugleich. Kohelet aber wird dies dialektische Spiel weiterspielen. Schon hat er in [4] die Haken angebracht, an denen er sein nächstes weisheitliches Zitat aufhängen kann.

7[5-7] Das Vorangehende kann noch als Kritik an der Volksweisheit verstanden werden. Das Weltwissen der Gebildeten wäre etwas anderes. [5f] zitiert eine Selbstempfehlung der Bildung der Oberschicht. Sie zeigt Klassenbewußtsein. Sie ist am fast ein wenig übertreibenden Gepränge ihrer Wortspiele für den ursprünglichen Leser sicher deutlich einzuordnen gewesen (*šīr* »Gesang« – *sīrīm* »Dornen« – *sīr* »Kessel« – *kesīl* »Ungebildeter«). Gegen sie erhebt Kohelet durch die Windhauchfloskel ausdrücklich Einspruch. Den Einspruch begründet in [7] ein anderer Spruch, vielleicht sogar aus der Tradition selbst. Die kleinen Leute erlebten den Gebildeten gerade auch als Vertreter einer Behörde oder als Verwalter des Rechts. Dort erlebten sie auch die

6 denn wie das Prasseln der Dornen unter dem Kessel,
so ist das Lachen der Ungebildeten. –
Aber auch das ist Windhauch, denn:
Ex 23^{8} Dtn 16^{19} 7 Erpressung verblendet den Gebildeten,
und Bestechung verdirbt den Verstand.

Zum Thema: Zurückhaltung und Konservativismus: 7^{8-10}

1 Kön 20^{11} 8 Besser der Ausgang einer Sache als ihr Anfang,
Spr 24^{20} besser der Vorsichtige als der Stürmische.
Spr 22^{24} 9 Laß dich nicht aufregen, so daß du dich ärgerst,
denn Ärger steckt in den Ungebildeten. –
1^{11} 7^{23} 10 Doch frag nicht: Wie kommt es, daß die früheren Zeiten besser waren
als unsere? Denn deine Frage zeugt nicht von Wissen.

7^{10} Andere Übersetzungsmöglichkeit: »zeugt nicht von Bildung.«

Folgen von Erpressung und Bestechung. Die Anfälligkeit der Gebildeten für so etwas erwies ihre moralische Predigt als Ideologie. Hier reagiert Kohelet also nicht auf der rein theoretischen Ebene, sondern fragt nach der Praxis.

7^{8-10} Das Zitat 8f ist als solches wieder durch seine Gestaltung erkennbar. Das meiste betrifft die Lautebene und kommt deshalb in einer Übersetzung nicht zum Vorschein. 8f bietet eine zentrale inhaltliche Weisung der altorientalischen Erziehungstradition. Letztlich wird dabei vom Verhalten bei Hof oder bei hohen Gönnern her gedacht. Weil man den Tag nicht vor dem Abend loben darf (8a), ist es falsch, seine Munition zu früh aufzubrauchen. Das Ideal ist der Zurückhaltende, Abwartende, Selbstbeherrschte, erst am Ende, zur günstigen Stunde Zupakkende (8b). Man muß die gruppendynamische Übersicht behalten und sich nicht von unzeitigen Emotionen hinreißen lassen (9). Kohelet reagiert wieder auf eine unerwartete Weise. Er fragt: Welchen Menschentyp produziert diese Erziehung? Seine Beobachtung zeigt ihm offenbar: den konservativen Menschen, den Lobredner vergangener Zeit, den Verschmäher der Stunde. Falls die in der Einleitung entwickelten Vermutungen über Kohelet zutreffen, kann er viele seiner Kollegen von der Jerusalemer Tempelschule vor Augen gehabt haben, aus deren Kreis er ausgebrochen ist. Auf diesen Typ Mensch reagiert er. Dies tut er allerdings elegant und in fast unmerklichem Übergang. Er führt in 10 den zitierten Spruch einfach weiter. Die Warnung in 9 hatte sich an 8b angeschlossen. Jetzt hängt er eine zu 9 der Form nach parallele Warnung an, die sich – chiastisch – an 8a anschließt, das man ganz wörtlich auch übersetzen könnte: »Das Spätere an einer Sache ist besser als das Frühere an ihr.« Wie kann man also »frühere« Zeiten für »besser« halten? Die Tradition ist einfach beim Wort genommen und mit der ihr selbst widersprechenden Frucht konfrontiert. Der Gebildete erweist sich am eigenen Bildungsgut als ungebildet. Zugleich erinnert sich der Leser bei dem nun allerdings doch das Metrum verlassenden und in Prosabreite gelangenden Vers 10 auch an 1^{11}. Dort wurde schon erläutert, wie es zu der Idee kommen kann, es träte Neues auf, d.h. die Zeiten würden schlechter. 7^{24} wird das Thema noch

Zum Thema: Wissen als Mittel zu langem Leben: 7^{11-18}

11 Wissen ist soviel wert wie Erbbesitz, Spr 16^{16}
es ist sogar mehr wert für die, welche die Sonne sehen;
12 denn wer sich im Schatten des Wissens birgt,
der ist auch im Schatten des Geldes;
aber das ist der Vorteil des Könnens:
Das Wissen erhält seinen Besitzer am Leben. – Spr $3^{1-2.\,13-18}$
13 Doch sieh ein, daß Gottes Tun noch hinzukommt: Denn: 3^{14}
Wer kann gerade biegen, was er gekrümmt hat? 1^{15}
14 Am Glückstag erfreue dich des Glücks, und am Unglückstag sieh ein: $+3^{11}$ $+6^{12}$
Auch diesen hat Gott geschaffen, genau wie jenen, so daß der Mensch von Ijob 2^{10} Sir 11^{14}

einmal berühren. Kohelet kommt im übrigen jetzt langsam ans Ende des Geplänkels: Er beginnt, auf seine eigenen früheren Ausführungen zu verweisen. Das wird er beim folgenden Zitat ganz offen tun.

7^{11f} Das vierte Zitat, an das Stichwort »Wissen« angehängt, ist nach dem komplizierten Schema gebaut: A ist so gut wie B, ja es ist sogar noch besser + Begründung für die beiden Schritte. ^{11a} wird in ^{12a}, ^{11b} in ^{12b} begründet. In ^{11f} kommen so viele typische Wörter Kohelets vor, daß vielleicht nur der Satz »Im Schatten des Wissens, im Schatten des Geldes« vorgegeben war. Ihn mag Kohelet dann ausgebaut haben, doch so, daß darin das Selbstverständnis des traditionellen Bildungssystems zusammengefaßt ist. Dessen Wissenswelt bietet den gleichen Schutz (»Schatten«) wie ererbter Reichtum. Darüber hinaus kann der Mensch infolge seines Lebenswissens sein Leben so führen, daß die Gesetze des Tun-Ergehens-Zusammenhangs ihm nicht den vorzeitigen Tod bringen, sondern ihn das volle Leben auskosten lassen. Beim Ausdruck »das Licht der Sonne sehen« im Sinn von »leben« schlägt ein seit Homer in der griechischen Dichtung fester Ausdruck ins Hebräische durch. Dort hätte einfaches »das Licht sehen« näher gelegen. Wie sich zeigen wird, ist es wahrscheinlich nicht unbeabsichtigt, daß die Einführung des Tun-Ergehen-Zusammenhangs hier durch einen von Kohelet selbst formulierten Text geschieht. Seine Kollegen, deren Meinung er wiedergeben will, hätten wahrscheinlich Gott in die Formulierung hineingebracht. Ohne das ausdrücklich zu sagen, spricht er ihnen zumindest hier das Recht dazu ab.

7^{13f} Das Zitat wird zunächst durch Rückgriff auf frühere Ausführungen in Frage gestellt. Zweimal heißt es »sieh ein«, zweimal ist von Gottes Tun die Rede (im Urtext steht hinter »Tun« und »Schaffen« der EÜ die gleiche Wurzel). Zurückgegriffen wird auf das Sprichwort von 1^{15} und die theologischen Ausführungen von 3^{11-14}. Da sie in 3^{14} mit dem Motiv der »Furcht Gottes« enden, reicht der Rückgriff insgeheim sogar bis 7^{18}. Das Aufregende an dieser grundsätzlichen Infragestellung der ganzen weisheitlichen Sinnwelt ist, daß Kohelet hier gegen eine bewußt innerweltlich formulierte Aussage nun selbst »theologisch« zu Felde zieht. Im Namen von Gottes Freiheit und Allwirksamkeit stellt er ein Denken, das die Wirklichkeit im Griff zu haben behauptet, in Frage. Weil alles Menschentun zugleich dem Menschen undurchschaubares Gottestun ist, läßt sich keine Zukunft berechnen, vor allem nicht die Zeit nach dem eigenen Tod. Wir können nur jeden Augenblick, so wie er uns von Gott gegeben wird, entgegennehmen. In ^{14} wird zum

dem, was nach ihm kommt, gar nichts herausfinden kann. 15 In meinen
Tagen voll Windhauch habe ich beides beobachtet: Es kommt vor, daß ein
gesetzestreuer Mensch trotz seiner Gesetzestreue elend endet, und es
kommt vor, daß einer, der sich nicht um das Gesetz kümmert, trotz seines
bösen Tuns ein langes Leben hat. 16 Halte dich nicht zu streng an das Ge-

3^{16f} 8^{14} 9^{1f} Ps 73^{12-14} Ijob 21^{7}

7^{16f}: ↗Sir 7^{5-8} 32^{4} 2^{15} Lk 18^{9-14}

7^{16f} Andere Übersetzungsmöglichkeit: »Halte dich nicht zu oft an das Gesetz, und werde nicht allzu sehr mit dem Wissen eins: Warum solltest du erschreckt verstummen müssen? Entferne dich nicht zu oft vom Gesetz...«

erstenmal im Buch konkreter aufgeschlüsselt, was 3^{14} »Gott fürchten« genannt worden war: Sich ins angebotene Glück einfach hineinfallen lassen, aber auch im Unglück Gott am Werk wissen und es deshalb annehmen. Die griechische Lyrik gibt den gleichen Ratschlag, aber nicht mit dieser theologischen Zuspitzung und Begründung. Vgl. z. B. den frühen Lyriker Archilochos: »... sondern über Frohes freue dich und im Unglück kränke dich nicht zu sehr. Versteh den Rhythmus, der die Menschen hebt und senkt.«

7^{15} Die Theologie wird durch die Erfahrung unterbaut. Diese zeigt, zumindest in einzelnen Fällen, das genaue Gegenteil des behaupteten Tun-Ergehen-Zusammenhangs. Diese Theorie war in der in sich geschlossenen und einfachen bäuerlich-kleinstädtischen Welt der Vergangenheit gültig gewesen, und im Sinne der Ungleichzeitigkeit, die in jeder sich wandelnden Gesellschaft herrscht, mag sie auch noch im 3. Jh. häufig genügt haben. Aber nicht immer, denn die viel unüberschaubarere und andersartige hellenistische Weltgesellschaft unterspülte ihre Voraussetzungen an allen Ecken und Enden. So gingen die an dieser Theorie ausgerichteten Verhaltens- und Zukunftserwartungen häufig nicht mehr in Erfüllung, und das führte zumindest bei sensiblen Menschen zum Zusammenbruch ihrer Plausibilität. Bei der Formulierung der Gegenthese führt Kohelet hier, wo es nicht mehr nur um die Theorie, sondern genauso um die Praxis geht, auch ein neues Begriffspaar ein. Neben »gebildet – ungebildet« tritt *ṣaddīq – rāšā'*, in der EÜ »gesetzestreu – das Gesetz übertretend«. Nur in 3^{17} hat sie dafür, im Gerichtszusammenhang, »unschuldig – schuldig«. Aus solchem Zusammenhang stammt das Begriffspaar. Aber es war längst eine Charakterisierung des Verhältnisses der Menschen zur gottgesetzten Ordnung geworden. Luther hat mit »Gerechter« und »Gottloser«, Buber mit »Bewährter« und »Frevler« übersetzt. Die EÜ trägt schon ein wenig jene Grundstimmung ein, die sich dann bald in der pharisäischen Bewegung mit den Wörtern verbinden sollte. Doch war auch die jüdische Gesellschaft zur Zeit Kohelets neben der weisheitlichen Theoretisierung vor allem durch die im Gesetz Moses gegebene Praxisanweisung bestimmt. Man lebte innerhalb der ptolemäischen Provinz Syrien und Phönizien in dem relativ eigenständigen Tempelstaat (später dem »Ethnos«) Judäa, dem seit Perserzeiten die Beobachtung der Gesetze der Väter garantiert war. Auch jede hellenistische Polis tat sich etwas auf ihre »Gesetze« zugute. Vgl. noch 8^{5}, wo nicht *ṣaddīq* steht, sondern *šōmēr miṣwāh* »wer auf das Gebot achtet«.

7^{16f} In fingierter Mahnrede ironisiert Kohelet die Situation. Aus seiner Erfahrung ^{15} folgert er, daß sich ruiniert, wer sich ans Gesetz hält; doch wer sich nicht daran hält, stirbt vorzeitig: aufgrund der alten Weisheitstheorie. Mit der gleichen Logik, nur umgekehrt

setz, und sei nicht maßlos im Erwerb von Wissen: Warum solltest du dich
selbst ruinieren? 17 Entferne dich nicht zu weit vom Gesetz, und verharre
nicht im Unwissen: Warum solltest du vor der Zeit sterben? 18 Es ist am 3^{2} Spr 10^{27}
besten, wenn du an dem einen festhältst, aber auch das andere nicht los-
läßt. Wer Gott fürchtet, wird sich in jedem Fall richtig verhalten. $+12^{13}$

Zum Thema: Wissen als Schutz: 7^{19-22}

19 Das Wissen ist für den Gebildeten ein stärkerer Schutz 9^{16} Spr 21^{22} 24^{5}

7^{18} Andere Übersetzungsmöglichkeiten: »wird beiden Gefahren entgehen« oder »wird beide (den zu Gesetzestreuen und den zu Gesetzlosen) übertreffen.«

7^{19} Andere Übersetzungsmöglichkeit: »als die zehn Machthaber.«

eingesetzt, ließe sich natürlich auch das Gegenteil beweisen. Hinter diesem Gedankenspiel steht aber wieder der Ernst, und Feinheiten der Formulierung, die oben in den angedeuteten anderen Übersetzungsmöglichkeiten vielleicht besser herauskommen, deuten dies auch an. Wer sich nur an das alte Ethos hält und die alte Weltdeutung dermaßen verinnerlicht, daß er nichts anderes mehr sagen kann, wird, wenn die Welt dann doch anders läuft, von einem ihn in Starrheit und Sprachlosigkeit treibenden Schrecken übermannt werden. Wer umgekehrt angesichts des sozialen Wandels und des ihn begleitenden Plausibilitätsschwunds sich im Handeln von jeder Bindung frei und im Denken keiner Sinnwelt mehr verpflichtet glaubt, scheitert auf jeden Fall so, daß sein Leben zerbricht. Hier mag durchaus an strafendes Handeln Gottes gedacht sein, vgl. zu 5^{5}. Kohelet hätte dies alles noch nicht mit wissenssoziologischen Kategorien beschreiben können. Aber das mit diesen Gemeinte hat er beobachtet. Doch welchen Weg des Denkens und Handelns gibt es noch in einer solchen Umbruchssituation?

7^{18} Am einen Rat (dem von ^{16}) festhalten, den andern (den von ^{17}) nicht loslassen – das meint weder paradoxes Handeln noch einen hier oft zitierten »goldenen Mittelweg«, sondern so etwas wie gesellschaftlichen Eklektizismus, der der Situation der Gleichzeitigkeit und des Ineinander verschiedener gesellschaftlicher Systeme und Weltdeutungen einzig entspricht. Der konkrete Mensch lebt eben nicht nach einer ewiggültigen unveränderlichen Moral, sondern stets aus einem auf konkrete Verhältnisse abgestimmten Ethos, das von einem anderen abgelöst werden kann, wobei in der Übergangszeit sich ethosfreie Flächen ausbreiten können, obwohl in anderen Bereichen das alte Ethos noch trägt oder sogar schon ein neues gilt. Sich hier recht zu bewegen fordert den Eklektizismus von ^{18a}. Doch was regelt die Auswahl? Kohelet sagt: Die Gottesfurcht (^{18b}). Genau die von ihm entwickelte, nur das Letzte ins Auge fassende Weltsicht, und die jeweilige Entscheidung im jeweiligen Augenblick vom Letzten her (vgl. das Annehmen des Augenblicks ^{14}) tragen auch dann. Das heißt nicht, daß diese Situationsethik etwas Bleibendes und Normales sein solle. Kohelet selbst wird am Ende seines Buchs wieder neu eine konkrete weisheitliche Ethik zu entwickeln beginnen. Aber in der Übergangssituation, aus der heraus er spricht, ist sie allein richtig.

7^{19-22} »Die Stadt« dürfte Jerusalem sein. Zwar war Jerusalem vor 175 v.

als zehn Machthaber zusammen,
die in der Stadt geherrscht haben. –

1 Kön 8^{46} Ps 14^{3} Ijob 15^{14-16} Röm 1^{18}-3^{20} 5^{12} 1 Joh 1^{8}

[20] Doch gibt es auf der Erde keinen einzigen Menschen, der so gesetzes-
treu wäre, daß er stets richtig handelt, ohne je einen Fehler zu begehen.
[21] Hör auch nicht auf all die Worte, die man so sagt. Denn niemals wirst
du einen Untergebenen über dich schimpfen hören, [22] und doch bist du dir
bewußt, daß auch du sehr oft über andere geschimpft hast.

Zum Thema: Überliefertes Wissen und Wissen aus Beobachtung: 7^{23}–8^{1a}

[23] Auf allen Wegen habe ich es mit dem Wissen versucht. Ich habe gesagt:
Ich will lernen und dadurch gebildet werden. Aber das Wissen blieb für
mich in der Ferne.

7^{23} Andere Übersetzungsmöglichkeit: »Auf zwei Wegen.«

Chr. keine Polis im formellen Sinn. Aber es ist trotzdem möglich, daß es auch vorher einmal als Spitze der Gerusia in Anlehnung an die Verfassung einer eigentlichen Polis δέκα πρῶτοι (Zehn Erste) gegeben hatte, deren Macht dann legendär geworden war. Oder aber das aus anderen Städten bekannte Regierungssystem war in Jerusalem sprichwörtlich geworden, gerade weil es dies dort nicht gab. Das Zitat tritt im Zusammenhang für die althergebrachte Bildung ein. Kohelet reagiert, indem er leugnet, daß die Gesetzestreue (die er jetzt einfach mit der Bildung austauschbar verwendet) jemals voll verwirklicht werde. Wer das behauptet, den zeiht er der Selbsttäuschung, genauer: Der Täuschung über den Wahrheitsgehalt dessen, was Abhängige dem sagen, von dem sie abhängig sind. Im Grunde deckt er auch hier einen Bereich auf, wo sich unbemerkt die Verhältnisse verschoben haben. Ein Riesenhaushalt mit vielen Sklaven, Hörigen, Klienten und vielleicht einer ganzen Hierarchie von Über- und Unterordnungen zerstört die Offenheit. Aber man merkt den Wandel nicht und verhält sich noch, als lebe man in der alten übersichtlichen Familie, wo Vertrauen herrschte und jeder jeden wirklich kannte.

7^{23}–8^{1a} Dieses Einleitungsstück der zweiten Hälfte des ideologiekritischen Teils (Nr. 6 innerhalb einer Zehnerreihe) ist komplizierter gebaut als die andern. [23-25] ist im Blick auf alles Vorangehende auch Rückblick und Zusammenfassung, [25] auch Vorankündigung des Kommenden im üblichen Anspielungsstil von 1^{12}–2^{2}; 2^{12}; 5^{9-11}; 6^{11f}. Zugleich eröffnen [23-25a] die in ganz 7^{23}–8^{1a} behandelte Problematik: die Frage, ob es mit auf Erfahrung und Beobachtung gründender, induktiver Erkenntnis vielleicht anders bestellt sei und besser gehe als mit dem traditionellen Wissenserwerb durch Lernen von Sprichwörtern. Anhand einer konkreten Fallstudie zeigt sich der Vorteil des induktiven Wissens ([27f]), doch zugleich wird deutlich, daß es vom Menschen ebenfalls mißbraucht wird ([29]). Die Fallstudie wird an einem traditionellen Sprichwort über die Frau vorgenommen ([26]), das für diesen ganzen Text das zu erwartende Zitat aus der Tradition darstellt. Daher behandelt der Text konkret zugleich das Thema »Frau«. Die Mehrschichtigkeit macht den Text nicht einfach, so daß verständlich wird,

24 Fern ist alles, was geschehen ist, $1^{9.11}+3^{11}\ 7^{10}$
und tief, tief versunken –
wer könnte es wiederfinden?

25 So habe ich, genauer: mein Verstand, mich umgestellt. Ich wollte for- $\|\ 1^{17}\ 8^{16}$
schend und suchend erkennen, was dasjenige Wissen wirklich ist, das Ein- $7^{27.29}$
zelbeobachtungen zusammenrechnet. Ferner wollte ich erkennen, ob Ge- $8^{8.10.14}\ 10^{13}$
setzesübertretung mit mangelnder Bildung und Unwissen mit Verblen-
dung zusammenhängt. 26 Immer wieder finde ich die Ansicht, stärker als Hld 8^{6f}
der Tod sei die Frau. Denn: Spr $2^{16-19}\ 5^{2-6}$ 6^{24-35}

7^{25} Andere Übersetzungsmöglichkeit: »zusammenrechnet, und wollte erkennen, was Gesetzesübertretung aus mangelnder Bildung ist sowie Unwissenheit aus Verblendung.«

warum in ^{27} einmal ausdrücklich Distanz genommen und der »Versammlungsleiter« als der Sprechende in Erinnerung gerufen wird und warum 8^{1a} am Ende ausdrücklich auf die Schwierigkeit des Textes aufmerksam macht. Der Abschnitt greift eine nach der Trennung von empirischen Wissenschaften und Philosophie innerhalb der griechischen Bildung naheliegende Problematik auf. Diese wird sonst im Buch nicht mehr weiterverfolgt.

7^{23} »Auf allen/zwei Wegen« meint die beiden Wege, die jetzt in ^{23} und ^{25} ausdrücklich benannt werden: Lernen der Tradition und Wissenserwerb durch Beobachtung. Beide Wege standen seit 7^{1} stets nebeneinander – insofern wird hier zurückgeblickt. In 7^{23}–8^{1a} wird der Vergleich besonders reflex durchgeführt werden – insofern wird vorausgeblickt. »Ferne« ist Unzugänglichkeit. Das traditionelle Wissen – dies hat sich schon gezeigt – ist kein wirkliches Wissen.

7^{24} ist nicht einfach spruchartige Bestätigung, sondern eher Begründung von ^{23}. Denn hier ist nicht die Rede von der Unzugänglichkeit des Wissens, wie die Weisheit es zu vermitteln sucht (also vor allem des zukunftsbeherrschenden Lebenswissens), sondern von der Unzugänglichkeit (»Ferne« und »Tiefe« zugleich) der Vergangenheit. Deshalb – so ist hinzuzudenken – entzieht sich die Erfahrungsbasis der überkommenen Sprichwortweisheit jeder Kontrolle. Vgl. zu diesem immer wiederkehrenden Thema vor allem 3^{11}; 7^{10}; 8^{16f}. Nur ein Wissen, das auf jetzt möglicher Kontrolle beruht, ist sinnvoll. Davon spricht ^{25a}.

7^{25} ist eine erweiternde und verdeutlichende Wiederholung von 1^{17} und weist wie dieser Vers voraus auf kommende Ausführungen. Entscheidend sind dabei die Elemente, die neu zu 1^{17} hinzukommen: in ^{25a} *ḥæšbōn* »Rechenergebnis« (in der EÜ hier frei wiedergegeben), ein Hauptstichwort von 7^{23}–8^{1a}, und in ^{25b} »Gesetzesübertretung«, ein Hauptstichwort von 8^{5-15}. Ferner wird 8^{16} auf ^{25a} zurückgreifen. Während sich ^{25b} in seiner Ankündigungsfunktion erschöpft (vgl. 2^{12b}), führt ^{25a} mit seiner Ankündigung der Umstellung von lernendem Erkennen auf induktives Erkennen zur konkreten Durchführung hin, die mit der Einführung des Zitats in ^{26} beginnt. Die Idee eines inneren Zusammenhangs von Unwissenheit und Verblendung wird in Koh nirgends weiterreflektiert. Vielleicht lag sie von der Stoa her in der Luft (πάντες ἄφρονες μαίνουσιν, Diogenes Laertius 7,124).

7^{26} Das Sprichwort über die Frau wird zunächst in indirekter, dann von

Sie ist ein Ring von Belagerungstürmen,
und ihr Herz ist ein Fangnetz,
Fesseln sind ihre Arme.
2^{26} Spr 22^{14} Wem Gott wohlwill, der kann sich vor ihr retten,
Sir 26^{23} wessen Leben verfehlt ist, wird von ihr eingefangen.
27 Aber sieh dir an, was ich, Beobachtung um Beobachtung, herausgefun-
1^{2} 12^{8} den habe, sagte Kohelet, bis ich schließlich das Rechenergebnis fand,
28 oder vielmehr: wie ich immer wieder suchte und nichts fand:
Sir 6^{6} Von tausend Menschen habe ich nur einen wiedergefunden,
aber der, den ich von ihnen allen wiedergefunden habe, war keine Frau.
29 Sieh dir an, was ich als einziges herausgefunden habe:

7^{29} »Berechnungen«: Das zugrundeliegende Wort *ḥiššᵉbōnōt* hat auch die zweite Bedeutung »Belagerungsmaschinen«.

»denn« ab in direkter Rede angeführt. Das Wort findet Kohelet vor. »Finden« ist von ^{24} an bis ^{29} eines der Motive, mit denen der Text spielt, ein anderes ist das Gegenwort »suchen«. Ursprünglich wird der Spruch nur aus den ersten 4 Zeilen bestanden haben und, Hld 8^{6} vergleichbar, ein Wort des Staunens vor dem Wunder der Liebe und dem Geheimnis, neues Leben in die Welt bringen zu können, gewesen sein. Die Fortsetzung der beiden letzten Zeilen hat allerdings schon alles verwandelt. Jetzt ist es ein typisches Wort einer Männerkultur. So etwas zitiert man, wenn einer aus dem Kreis der Schul-, Sport- oder Militärkameraden heiraten will, und dann lacht man darüber. Gerade von der griechischen Jünglingskultur her konnte negatives Reden über die Frau sich leicht ausbreiten. Schon der Elegiker Semonides hatte die Frau als »Fessel« bezeichnet. Das am Anfang des Spruchs mit »stark« übersetzte Wort *(mar)* nimmt von dessen Verlängerung her auch seine andere mögliche Bedeutung an: »bitter«. Es ist kaum auszumachen, ob Kohelet den Spruch schon in dieser Verwandlung vorfand oder ob er, um ihn auf eine erste Weise abzuwerten, ihn selbst in solche Sinnmöglichkeiten hinein explizierte. Doch die volle Auseinandersetzung folgt erst in ^{27}.

7^{27f} Kohelet nimmt die erste Zeile des Spruchs naiv beim Wort: Wenn die Frau stärker wäre als der Tod, dann müßten die Frauen nicht sterben. Dies aber widerlegt die Erfahrung: Kohelet fingiert, er habe 1000 Lebensläufe verfolgt, und keine einzige Frau habe nach einer bestimmten Zeit mehr gelebt. Eine solche Erledigung einer tiefen alten Erfahrung mag uns inadäquat und billig erscheinen. Aber es ist durchaus möglich, daß Kohelet sich bewußt so naiv gibt. Der Spruch rührt an sein zentrales Thema, den Tod. Der Spruch spielt damit, mystifizierend. Das ist unernsthaft und dient nur der Ausbreitung eines die Sicht auf die Wirklichkeit behindernden Nebelglanzes, hinter dem dann überlebte Verhältnisse weiterexistieren können. Wer feststellt, daß die Frau vor dem Tod nicht anders dasteht als der Mann und keinerlei Anteil an irgendeinem numinosen Glanz des Todes hat, gibt sie sich selbst zurück.

7^{29} Der induktive Erkenntnisweg hat sich am konkreten Beispiel bewährt. Ist er also allseits zu empfehlen? Neue Gefahren ziehen herauf. Die Sprache hat sie schon erfaßt, und Kohelet spielt mit

Gott hat die Menschen rechtschaffen gemacht,
aber sie haben sich in allen möglichen Berechnungen versucht.
8^{1} Wer ist hier gebildet? Wer versteht es, ein Wort zu deuten? 2^{14} Spr 16^{13f}

Zum Thema: Gebildete und König: 8^{1b-4}

Das Wissen eines Menschen macht seine Miene strahlend, Sir 13^{26}
und seine strengen Züge lösen sich. –
2 Ich (dagegen sage): Achte auf die Befehle des Königs, und zwar im Hin- 10^{4}

8^{1} Lies mit Aquila, Symmachus, (LXX): *mī kōh ḥākām;* M: »Wer tut es dem Gebildeten gleich? Wer dem, der es versteht, ein Wort zu deuten / eine (schwierige) Sache zu klären?« Folgt man M, dann bilden die beiden Fragen den Anfang des folgenden Abschnitts.

den beiden Bedeutungen des Plurals *ḥiššᵉbōnōt:* »Berechnungen« (also Ergebnis induktiven Erkennens) und »Belagerungsmaschinen« (also die höchsten technischen Errungenschaften der damaligen Rüstungsindustrie). Das Sprichwort hatte gesagt, die Frau sei ein »Ring von Belagerungstürmen«. Wie harmlos! Der neue Erkenntnisweg macht solcher Todesmetaphorik ein Ende. Aber gegen Gottes Schöpferwillen wird er vom Menschen dazu benutzt, realen vorzeitigen Tod immer gewaltiger in die Schöpfung hineinzubringen. Ein Zeitgenosse Kohelets war z.B. Archimedes, der sich auch in Alexandria aufhielt und dorthin beste Beziehungen hatte. Er ist der Erfinder der Wasserschraube und von immer neuen Winden, Flaschenzug- und Hebelwerken. Er ist 212 v. Chr. im Krieg umgekommen.

8^{1b} Konstruktion von Kriegsgerät geschah am Königshof. Dort erträumt die Fantasie des Schülers der alten Weisheit sowieso die höchsten Zukunftschancen. 8^{1a} kann überdies auch verstanden werden im Sinne von »Wer ist ein guter Berater in schwierigen Sachen?«, und wieder ist die Fantasie am Königshof. So ist als nächstes Zitat sofort ein Spruch zur Hand, der dem Schüler sein hehres Bildungsziel vor Augen stellt (^{1b}). Offenbar ist er aus einem größeren Spruchkomplex herausgerissen. Dort war »seine« Miene nicht die des gebildeten Beraters, sondern die des ratheischenden Königs. Die Rede von der »strahlenden Miene« wird sonst im AT von Gott gebraucht, wenn er sich den Menschen gnädig zuwendet (Grundstelle: Num 6^{25}). Königliches Wohlwollen leuchtet also auf, wenn der Wissende seinen Rat geäußert hat. Selbst wenn die Leser den ursprünglichen Zusammenhang des Zitats nicht kannten oder wenn sogar ursprünglich der Weise selbst gemeint war, den sein Wissen strahlend mache – die Gegenrede Kohelets stellt auf jeden Fall klar, daß der Satz hier vom Berater bei Hof zu verstehen ist. Obwohl höchstens die Spitzen der judäischen Gesellschaft in Alexandrien bei Hof Zutritt hatten, etwa der Tobiade Joseph, und auch sie sicher nicht als eigentliche Berater, dürfte zur Zeit Kohelets die Tempelschule immer noch mit vielen alten Sprichworten ihre Schüler auf Hofsituationen vorbereitet haben, so als ob es in Jerusalem noch einen König gebe. Kohelet macht das Spiel mit, denkt aber an die alexandrinische Realität.

8^{2-4} Kohelet beschreibt rücksichtslos die dem Schulideal so gar nicht entsprechende rauhe Wirklichkeit des Berufs

blick auf den vor Gott geleisteten Eid. [3] Entferne dich nicht hastig aus sei-
Spr 20[2] ner Gegenwart, und versteife dich nicht auf eine Sache, wenn sie schlimm
auszugehen droht. Denn alles, wozu er sich entscheidet, setzt er auch
durch. [4] Hinter dem Wort des Königs steht nun einmal die Macht. Wer
also kann ihm sagen: Was tust du?

Zum Thema: Schicksal des gebildeten Gesetzestreuen und des ungebildeten Gesetzesübertreters: 8[5-12a]

8[5-6]: 3[1] Spr 19[16] Sir 15[15] 37[12]

[5] Wer auf das Gebot achtet, den trifft nichts Schlimmes,
der Verstand des Gebildeten weiß die rechte Zeit. –

8[5] Wörtlich: »der weiß von nichts Schlimmem.«

eines königlichen Rats. Er verkleidet die Beschreibung in einen wohlmeinenden Ratschlag. Der Höfling muß seine Einsicht und seine Ideale verbergen und vor dem kriechen, der die Macht hat. Da er sich durch Eid zur Treue verpflichtet hat, ist das sogar richtig so. Oder soll der Hinweis auf den Treueid andeuten, daß im Fall der Insubordination Konfiskation aller Güter und Todesstrafe droht? Zugleich ist der Text eine harte Entmythologisierung des ptolemäischen Gottkönigtums. Der königliche Glanz (ausgestrahlt in Namen wie »Heiland«, »Wohltäter«, »Gottesoffenbarung«) wird auf das reduziert, was dahintersteht: nackte Macht.

8[5-15] Neuaufnahme der Auseinandersetzung mit der grundlegenden weisheitlichen Theorie vom Tun-Ergehen-Zusammenhang (vgl. 7[11-18]). Es handelt sich um zwei Zitate ([5] und [12b.13]) und zweimalige Kritik dazu ([6-12a] und [14f]). Beim ersten Schritt bleibt es eigentümlich in der Schwebe, ob es sich um eine Fortsetzung der Thematik »Schicksal des höfischen Ratgebers« oder um die umfassendere »Schicksal des Menschen in der Welt« handelt. Gott wird nicht ins Spiel gebracht, zumindest nicht offen (im Gegensatz zu 7[13-18]). Im zweiten Zitat dagegen tritt die weisheitliche Grundtheorie offen, und zwar in religiösem Gewand, auf. Kohelet hatte die Ideologie, mit der er sich auseinandersetzte, bisher völlig profan, ohne Nennung Gottes sprechen lassen. Das stimmt nicht zu dem Bild, das wir etwa aus den Spr gewinnen. Offenbar billigt Kohelet seinen Gegnern nicht das Recht zu, das, was sie zu sagen haben, mit Gott in Verbindung zu bringen. Von Gott muß man anders reden. Nur jetzt, auf dem Höhepunkt der Auseinandersetzung, läßt er sie auch noch die religiöse Robe umwerfen. Seine Antwort in [14] ist um so profaner: nochmaliger Hinweis auf die alle vorgetragene Theorie widerlegende Erfahrung. Erst wenn er dann in [15] von der Freude spricht, spricht er selbst wieder von Gott.

8[5] »Wer auf das Gebot achtet« ist wie eine Wiederaufnahme von [2], das »Schlimme« erinnert an den schlimmen Ausgang eines Beratungsgesprächs, den [3] ins Auge faßte. Die Aussage des Zitats ist in der Nähe der von 7[8f]. Der vollendete Hofmann sagt immer nur ja und hält sich so in der Huld des Königs, bis er erkennt, daß jetzt die rechte Zeit dafür gekommen ist, den Rat zu geben, der seinem eigenen Zwecke dient. Doch »Gebot« könnte auch das »Gebot« Gottes sein: Israels Gesetz, das häufig so bezeichnet wird. Hinter der Klugheitsregel des Hoflebens

[6] Allerdings:
Es gibt die rechte Zeit für jedes Geschehen,
und:
Schlimmes Geschick lastet häufig auf dem Menschen, 2[17] 6[1]
und:
[7] Er weiß nicht, was geschehen wird, +6[12]
und:
Wie es geschehen wird – wer verkündet es ihm?
[8] Es gibt keinen Menschen, der Macht hat über den Wind, Spr 30[4]
so daß er den Wind einschließen könnte.
Es gibt keine Macht über den Sterbetag. 9[12]
Es gibt im Krieg keinen Urlaub.
Selbst ein Gesetzesbruch kann die Gesetzesbrecher nicht retten.
[9] All dies habe ich beobachtet, als ich mich zu einer Zeit, wo ein Mensch

8[8] Andere mögliche Übersetzungen: »Es gibt im Krieg kein Entkommen«, »Es gibt im Krieg kein Verhandeln«, »Gesetzlosigkeit spart die nicht aus, die sie in Gang setzten.«

leuchtet ein Weltprinzip auf: Gehorsam gegenüber dem Gesetz bewahrt vor üblem Schicksal, und die Weltkenntnis des Gebildeten hilft dann, zur richtigen Zeit erfolgreich zu handeln.

8[6f] Kohelet reagiert wieder (wie in 7[13]) durch Selbstzitate, die auf frühere Ausführungen zurückweisen: vgl. [6] mit 3[1]; 2[17]; 6[1]. Die beiden Vershälften [6a] und [6b] entsprechen dabei in chiastischer Folge den beiden Spruchhälften [5b] und [5a]. [7] greift aus [5] das Leitwort »wissen« auf und behauptet, ebenfalls längst Ausgeführtes, wenn auch in neuer (nur teilweise in 6[12] vorweggenommener) Formulierung aufgreifend, daß der Mensch die Zukunft nicht berechnen kann. Das Zitat ist also längst von Grund auf widerlegt – wenn man es allgemein versteht, aber damit auch, wenn man es speziell vom Geschick bei Hof versteht. Im übrigen erinnert sogar noch das Selbstzitat in [6a] durch das Wort »Geschehen« an »wozu er sich entscheidet« in 8[3], denn im Urtext handelt es sich um die gleiche Wurzel *(ḥpṣ)*.

8[8] Begründung von [7] durch einen Block von vier Erfahrung beschreibenden Sprüchen. Der Grundgedanke ist: Worüber man keine Macht hat, was von woanders (zuletzt: von Gott) her bewegt wird, das kann man auch nicht im voraus durchschauen. *rūaḥ* ist »Wind«, doch zugleich ist es »Atem«. Wenn der Atem »herausgeht«, stirbt man (Ps 146[4]). Der zweite Spruch über den Todestermin ist also, zumindest zum zweiten Sinn des ersten Spruchs, geradezu eine Parallelaussage. Der dritte und vierte Spruch sind uns heute nur noch schwer zugänglich, weil wir die Wörter zum Teil nicht eindeutig übersetzen können. Doch dürften sie auch so oder so ausgesagt haben, daß der Tod unvermeidlich ist und keiner ihn hinausschieben kann. Die Undurchschaubarkeit der Zukunft ist also wesentlich die Undurchschaubarkeit der Ankunft des eigenen Todes.

8[9] Hier klärt Kohelet selbst die Doppelschichtigkeit seiner letzten Ausführungen auf: Er machte seine Erfahrungen in einer Gesellschaft, die von der Herrschaft von Menschen über Menschen, und zwar zum Übel der Beherrschten, geprägt war, doch sein

seine Macht über den anderen Menschen dazu benutzte, diesem zu scha-
$+1^{13}$ den, mit jedem Tun beschäftigte, das unter der Sonne getan wurde. 10 Da-
Ijob 21^{27-34} bei habe ich beobachtet, wie Menschen, die das Gesetz übertreten hatten,
ein Begräbnis erhielten, während andere, die recht getan hatten, ankamen
und vom Ort des Heiligtums wieder weggehen und bald in der Stadt ver-
gessen sein werden. Auch das ist Windhauch. 11 Denn:

> Wo keine Strafe verhängt wird,
> ist die Bosheit schnell am Werk.

Deshalb wächst im Herzen der Menschen die Lust, Böses zu tun. 12 Denn:

9^{3}
> Ein Sünder kann hundertmal Böses tun
> und dennoch lange leben.

8^{12b-15}: 3^{16-22}

Weiterführung: 8^{12b-15}

8^{12f}: Ps 37^{17-20}, Spr 10^{27}

Freilich kenne ich das Wort:

> Denen, die Gott fürchten, wird es gut gehen,
> weil sie sich vor ihm fürchten;
> 13 dem, der das Gesetz übertritt, wird es nicht gut gehen,
> $+6^{12}$ und er wird kein langes Leben haben, gleich dem Schatten,
> weil er sich nicht vor Gott fürchtet. –

Problemhorizont war universaler. Die umständliche Passivformulierung (das Tun, das getan wurde) weist auf verdecktes Reden über Gottes Weltregiment. Für das Stichwort »Macht« wird eine aramäische Wurzel gebraucht *(šlt)*, die auch in der Titulatur hoher Beamter in der Provinz verwendet wird. Das nun folgende konkrete Beispiel handelt in *der* Stadt, in Jerusalem, dem »Ort des Heiligtums«. So dürfte jener Mensch, der »seine Macht über die anderen Menschen dazu benutzte, ihnen zu schaden«, derjenige sein, der damals in Jerusalem faktisch herrschte. Es ist verständlich, daß die Formulierung nicht deutlicher wird. Sie ist schon deutlich genug. Auf diesen Mann wird Kohelet in 10^{1-7} zurückkommen. Vgl. den Kommentar zu 9^{7}–12^{7}. Hier ist er offenbar derjenige, der verantwortet oder zumindest zuläßt, was $^{10-12}$ begreiflicherweise wieder eher nur andeuten als voll schildern.

8^{10} Hier wird zweifellos auf den ursprünglichen Lesern bekannte Personen und Geschehnisse angespielt.

8^{11f} Sich scheinbar ganz in der Beschreibung und Analyse der vom Bösen bestimmten Gesellschaft verlierend (3 mal »Böses tun«; zugleich die 3 letzten der insgesamt 7 Belege von *ra'* »schlimm/böse« in 8^{1-15} – alles in der EÜ nicht voll erkennbar), endet alles doch in einer ganz grundsätzlichen Bestreitung des Tun-Ergehen-Zusammenhangs, dazu noch unter Benutzung der religiösen Kategorie »Sünder« (^{12a}). Das löst das letzte, ganz abstrakt-theoretisch durchformulierte Zitat in $^{12b.13}$ und dessen ebenso gestaltete Gegenthese in ^{14} aus.

8^{12f} Hier in diesem Zitat (und nur hier und im 2. Nachwort 12^{13}) ist Gottesfurcht nicht im Sinn Kohelets, sondern der von ihm in Frage gestellten weisheitlich-religiösen Sinnwelt zu nehmen, wo sie getreue Observanz der als gottgegebenen vorausgesetzten Verhaltensregeln der Gesellschaft meinte. Es wird ein klarer Kausalzusammenhang zwischen Gottesfurcht und Wohlergehen und langem Leben statuiert.

14 Doch es gibt etwas, das auf der Erde getan wurde und Windhauch ist: 7^{15} Ps 73^{2-12}
Es gibt gesetzestreue Menschen, Jer 12^{1f}
denen es so ergeht,
als hätten sie wie Gesetzesbrecher gehandelt;
und es gibt Gesetzesbrecher,
denen es so ergeht,
als hätten sie wie Gesetzestreue gehandelt.
Ich schloß daraus, daß auch dies Windhauch ist. 15 Da pries ich die +2^{10}
Freude; denn es gibt für den Menschen kein Glück unter der Sonne, es sei
denn, er ißt und trinkt und freut sich. Das soll ihn begleiten bei seiner Ar-
beit während der Lebenstage, die Gott ihm unter der Sonne geschenkt hat.

Zum Thema: Grenzen der Erkenntnis: 8^{16}–9^{6}

16/17 Als ich mir vorgenommen hatte zu erkennen, was Wissen wirklich $1^{8.+13.17}$ 2^{23} 3^{10}
ist, und zu beobachten, welches Geschäft eigentlich auf der Erde getätigt +3^{11} 6^{12} 7^{25}
wird, da sah ich ein, daß der Mensch, selbst wenn er seinen Augen bei Tag 11^{5} Sir 18^{5}
und Nacht keinen Schlaf gönnt, das Tun Gottes in seiner Ganzheit nicht
wiederfinden kann, das Tun, das unter der Sonne getan wurde. Deshalb

8^{15} Andere Übersetzungsmöglichkeit: »Ich schloß daraus, daß auch dies Windhauch ist, und ich pries die Freude: Es gibt kein Glück für den Menschen unter der Sonne, es sei denn, er ißt und er trinkt und er freut sich, falls ihm das zugesellt wird bei seiner Arbeit...«

8^{15} Im Lichte von 7^{14}, das in gleicher Position innerhalb einer analogen Aussagestruktur steht, und von 2^{24f}; 3^{13}; (5^{18}), wo das Glück als ein dem Menschen nicht verfügbares Geschenk Gottes bezeichnet wird, dürfte die oben angegebene Alternativübersetzung genauer sein als der Text der EÜ. Kohelet nimmt hier, wo das Wort »Gottesfurcht« hinter dem Zitat ^{12f} nur schief und falsch klingen könnte, genau das Erstaunlichste aus der seinem Bild vom undurchschaubaren Weltgeschehen und von göttlicher Freiheit entsprechenden Konzeption der »Gottesfurcht« heraus und besingt es: Die Annahme der Freude dann, wenn sie geschenkt wird. Die außer hier im Grundstamm nie belegte Wurzel, die mit »begleiten, zugesellen« übersetzt ist, scheint eine Urbedeutung »winden, bekränzen« gehabt zu haben. Vielleicht wird daher sogar auf die Sitte angespielt, die Teilnehmer an Festmählern mit Blumen zu bekränzen (»falls das als ein Kranz sich ihm windet aus seinem Besitz während der Lebenstage, die Gott ihm unter der Sonne geschenkt hat«).

8^{16}–9^{6} Die zehnte Einheit des ideologiekritischen Teils ist dessen Abschluß (vgl. die vorverweisenden Stichworte in 6^{12}; 7^{25} und die Rekapitulation der Thematik des Tun-Ergehen-Zusammenhangs), zugleich aber auch eine bewußte Neuformulierung der Hauptpunkte des anthropologisch-theologischen Teils (vgl. die Randverweise), zu dem der ideologiekritische innerhalb der Gesamtkomposition des Buches ja in symmetrischer Entsprechung steht. Sein Hauptstichwort ist »erkennen« (vor allem am Anfang in 8^{16}–9^{1} und gegen Ende in 9^{5}). Der Text setzt, wenn

strengt der Mensch, danach suchend, sich an und findet es doch nicht wieder. Selbst wenn der Gebildete behauptet, er erkenne – er kann es
9[1f]: 7[15] doch nicht wiederfinden. 9[1] Denn ich habe über dies alles nachgedacht

9[1] Andere Übersetzungsmöglichkeit: »Der Mensch erkennt nicht, ob er lieben, ob er hassen wird.«

man so will, Erkenntnistheorie gegen Erkenntnistheorie. Das nur noch in indirekter Rede gerade angedeutete »Zitat« aus der herkömmlichen israelitischen Bildung findet sich in 8[17]: Die Behauptung des bisherigen Theoriespezialisten, er besitze hinsichtlich der Gesamtheit des Weltgeschehens echte Erkenntnis. Kohelet hat diese Möglichkeit schon in 3[11] ausgeschlossen, und jetzt, in 8[17], schließt er sie mit Emphase aus. Vgl. Theognis: »Wir sind Menschen und sinnen nur Eitles, wissen auch gar nichts. Himmlische Macht vollführt alles nach eigenem Rat.« Der Berufseifer, den die Weisheitslehrer entwickeln, mag bewundernswert sein (8[16f]), hilft aber nichts. Sie gelangen nicht an den Punkt, den die universale Erfassung letzter Weltgesetzlichkeiten sucht: Daß man dann für sich selbst wirklich wüßte, ob man von Gott geliebt oder verschmäht wird (9[1]). Das ginge ja nur, wenn man über Gottes Reaktion auf dieses oder jenes menschliche Tun Gesetze aufstellen könnte, es also einen durchschaubaren »Tun-Ergehen-Zusammenhang« gäbe. Denn dann könnte man aus der augenblicklichen Situation Gottes nächste Reaktionen (je nachdem der Liebe oder des Verschmähens) berechnen. Entscheidendes der Erkenntnistheorie Kohelets selbst ist damit auch schon deutlich: ihr sehr tiefer »Agnostizismus«. Trotzdem ist menschliches Erkennen zugleich etwas einmalig Großes. Das wird deutlich, wenn die Lebenden mit den Toten verglichen werden, die nicht mehr erkennen. So bringt Kohelet in 9[2-4] eine Zusammenfassung seiner alten Aussagen über die Gleichheit aller vor dem Tod (vgl. 2[14-17]; 3[18]; 6[6-10]; 7[2.28]; 8[8]), wobei es dem Guten nicht besser geht als dem Bösen (mit speziellem Rückbezug auf 8[11f]). Dem folgt dann [4-6] eine Gegenüberstellung von Leben und Tod. Oberflächlich sieht es aus, als gehe es um das Dunkel des Tods. Doch mindestens genauso wichtig ist im Zusammenhang das dabei sichtbar werdende Licht des Lebens. Die drei Hauptbegriffe sind »Zuversicht«, »Erkennen« und »Belohnung«, was auf die personalen Beziehungen der Menschen untereinander hinauswill. Die wesentliche Erkenntnis, die den Menschen ausmacht, ist die, daß er sich als das Wesen erkennen kann, das auf den Tod zugeht. Das ist nicht, wie ein Kommentator meint, »Galgenhumor«, sondern als Anspielung auf all das, was im anthropologisch-theologischen Teil entfaltet wurde, der Weg des Geistes in die Existenz, in der er in »Gottesfurcht« vor dem letzten Geheimnis steht. Am Ende fällt – es den Toten absprechend – das Stichwort »Anteil«. Das ist schon die Klammer zum Text über die Freude, der in 9[7] anschließen wird. Die dem Menschen wirklich gegebene »Erkenntnis« macht ihn frei, sich vor Gott der Freude hinzugeben. Denn sie ist des Menschen »Anteil« (9[9]).

8[17] Dieser Vers ist für das Verständnis des ganzen Buchs sehr wichtig, da er explizit das »Tun Gottes« mit dem »Tun, das unter der Sonne getan wird«, gleichsetzt – was von der Passivformulierung her auch sonst zu vermuten war. Gemeint ist speziell alles menschliche Handeln. Dies ist also zugleich stets göttliches Tun. Gerade in dieser

und dies alles überprüft, wobei sich ergab: Die Gesetzestreuen und Gebil-
deten mit ihrem Tun stehen unter Gottes Verfügung. Der Mensch erkennt 2^{24}
nicht, ob er geliebt ist oder ob er verschmäht ist. So liegt auch bei ihnen 3^{8}
beides offen vor ihnen. 2 Beides – wie bei allen Menschen. Aber ein und +2^{14}
dasselbe Geschick trifft den Gesetzestreuen und den Gesetzesbrecher, 7^{15}
den Guten, den Reinen und den Unreinen, den Opfernden und den, der
nicht opfert. Dem Guten ergeht es wie dem Sünder, dem Schwörenden
ebenso wie dem, der den Schwur scheut. 3 Das ist das Schlimme an allem,
was unter der Sonne getan wurde, daß alle dann ein und dasselbe Geschick
trifft und daß in den Menschen überdies die Lust zum Bösen wächst und 8^{11} Gen 6^{5} 8^{21}
Verblendung ihren Geist erfaßt, während sie leben, und danach, wenn sie +6^{12}
zu den Toten müssen – 4 ja, wer würde da ausgenommen? Für jeden Le-
benden gibt es noch Zuversicht. Denn:

Ein lebender Hund ist besser als ein toter Löwe.

9^{4} Lies mit Ketib und Akzenten: *jibbāḥēr;* Qere: »und danach müssen sie zu den Toten. Wer unter alle die Lebenden eingereiht ist, für den gibt es noch Zuver-

Dimension ist es jedoch dem Menschen, vor allem, wenn er auf das »Ganze« des göttlichen Tuns aus ist, nicht durchschaubar.

9^{1} Die logische Struktur: Zuerst steht die These – daß nämlich auch die anscheinend in der besseren Position befindlichen Menschen, die Gesetzestreuen und Gebildeten, nicht selbst über ihr Geschick verfügen, daß vielmehr Gott darüber verfügt. Diese These wird begründet, indem zunächst allgemeingültig (für alle Menschen) festgestellt wird, daß keiner weiß, wie Gott zu ihm steht. Dann wird gefolgert: Was für alle gilt, gilt auch für diese Gruppe. Die Eigenart der Deduktion – von dem für alle Geltenden auf eine eingeschlossene Gruppe – wird zu Beginn von ^{2} nochmals herausgestellt.

9^{2} Dann folgt ein assoziativ-rhetorischer Anschluß: Ist es überall offen, wie Gott das weitere Geschick verfügt, dann ist doch zugleich überall eines gewiß: das Endgeschick des Sterbenmüssens. Die gegensätzlichen Gruppen, die unter das gemeinsame Todeslos fallen, werden unter verschiedensten Rücksichten aufgereiht. Die Kategorien sind die religiösen: Entsprechung oder Nichtentsprechung zu den verschiedenen Verhaltenserwartungen der jüdischen Gesellschaft im religiösen Bereich. Man wird sich allerdings fragen, wieweit in den negativen Gruppen nur Einzelgänger mit abweichendem Verhalten gemeint sind oder langsam sich konstituierende Gegengruppen sich abzeichnen. Vielleicht sogar Gruppen, zu deren neuen Theoretikern Kohelet selbst gehört. Die religiösen Weisungen in 4^{17}–5^{6} lassen jedenfalls mit der Möglichkeit rechnen, daß man in seinen Kreisen dem Opferdarbringen und Schwören eher zurückhaltend gegenüberstand.

9^{3f} Der Ketib-Text ist auf jeden Fall vorzuziehen, weil er für eine spätere Orthodoxie, die zumindest im Jenseits mit einer Bestrafung der Bösen rechnete, auch noch dies auszuschließen schien. Der Qere-Text macht alles im Sinn dieser Orthodoxie harmlos, ist also wohl »verbesserter Text«. Die oben gegebene Alternativübersetzung zur EÜ dürfte den Sinn des Ketib etwas deutlicher wiedergeben.

9^{4} »Zuversicht«: Das Wort *(biṭṭāḥōn)* findet sich nur noch in 2 Kön 18^{19} (= Jes 36^{4}), dort allerdings innerhalb eines

5 Und: Die Lebenden erkennen, daß sie sterben werden, die Toten aber
erkennen überhaupt nichts mehr. Sie erhalten auch keine Belohnung
+1,11 3,8 4,4 mehr, denn die Erinnerung an sie ist in Vergessenheit versunken. 6 Liebe,
Haß und Eifersucht gegen sie, all dies ist längst erloschen. Auf ewig haben
+2,10 sie keinen Anteil mehr an allem, was unter der Sonne getan wurde.

sicht.« Andere Übersetzungsmöglichkeit für Ketib: »daß alle ein und dasselbe Geschick trifft. Und wenn auch, während sie leben, in manchen Menschen die Lust zum Bösen wächst und Verblendung ihren Geist erfaßt: darnach, wenn es zu den Toten geht, wer (von den andern) würde deshalb ausgenommen?«.

9,5f Andere Übersetzungsmöglichkeit: »Sie erhalten auch keine Belohnung mehr, ihre Erinnerung ist geschwunden, ihre Liebe, ihr Haß und ihre Eifersucht sind längst erloschen.«

der wichtigsten Texte des AT über das »Vertrauen« (= »Glauben« im Sinn des NT) auf Jahwe (2 Kön 18f; das Leitwort ist dort das unserem Nomen entsprechende Verbum *bṭḥ*). Meint es daher hier wirklich nur – wie die meisten Ausleger annehmen – die Hoffnung, daß es einem, solange man noch lebt, wenigstens hin und wieder auch noch gut gehen könne? Viele Parallelen aus dem griechischen Pessimismus könnten dies nahelegen, z.B. Euripides: »Vergleiche Leben nicht und Tod. Tod ist Vernichtung! Wer noch lebt, kann hoffen.« Aber wenn auch das Motiv wohl von dorther angeregt ist – hier ist vom hebräischen Wort her vielleicht dann doch mehr gemeint: die dem Menschen nur vor dem Tod gegebene Möglichkeit, sich vertrauend zu verhalten. Und wenn dies: Ist dann nur vertrauendes Verhalten im Gewebe menschlicher Beziehungen gemeint (wie die Rede von Liebe, Haß und Eifersucht in 5f nahelegen könnte) oder gerade ein Sichstützen auf Gott, obwohl man nicht weiß, ob man von Gott geliebt oder verschmäht ist, aber weil man weiß, daß es außer ihm nichts gibt, das nicht »Windhauch« wäre, und daß er stets »vollkommen« handelt, auch wenn man das nicht durchschaut (3,11)? Die Frage ist schwer zu beantworten. Aber Kohelet wird, bei all seiner Wortgewandtheit, dann, wenn er ans Zarteste kommt, stets sehr knapp und deutet nur noch an. So ist »Zuversicht« zumindest für die, die lesen können, vielleicht doch als neues Wort für »Gottesfurcht« gemeint. Für andere hält es, auch im Sinn des Buchverfassers, noch eine oberflächlichere Bedeutung bereit. – Der Satz von der Zuversicht wird in einer Technik, die dem Leser schon aus 1,13–2,2 bekannt ist, durch ein Sprichwort schnell beendet. Zum vollen Verständnis des Sprichworts ist zu beachten, daß der Hund im alten Orient eines der verachtetsten Tiere war, während der Löwe als der König der Tiere galt.

9,5f Zu erkennen, daß man sterben wird, ist das, was das Buch Kohelet eigentlich vor allem dem Leser beibringen will. Das ist der Weg zur höchsten Größe menschenmöglicher Einsicht, die den Menschen vor das Geheimnis stellt und ins Geheimnis hineinhält. Dieses Positivum menschlicher Erkenntnis wird erst voll sichtbar in der Gegenüberstellung zu dem, was durch den Tod kommt: zur Vernichtung des Bewußtseins. Die oben gegebene Alternativübersetzung zu 5b-6 würde einfach dies explizieren. »Belohnung« bleibt dann allerdings etwas unverständlich. Deshalb ist wohl doch die Übersetzung der EÜ vorzuziehen, die eine subtilere Aussage impliziert. Zunächst einmal bildet »Belohnung« (*śākār)* ein Wort-

RATSCHLÄGE UND SENTENZEN KOHELETS: 9^{7}–12^{8}

Freude und kraftvolles Handeln: 9^{7-10}

7 Also: Iß freudig dein Brot, und trink vergnügt deinen Wein, denn das, +2[10]
was du tust, hat Gott längst so festgelegt, wie es ihm gefiel. 8 Trag jederzeit

spiel mit »Erinnerung« *(zikrām)*. Dieses stellt – vermutlich nach populärer Theorie, die hinter dem Totenkult steht – eine Korrespondenz heraus zwischen dem, was den Toten noch zuteil werden kann, und dem, was die Lebenden bezüglich der Toten tun. Man rechnet mit so etwas wie weiterlaufender Kommunikation. In dem Maß, in dem auf Erden der Toten gedacht wird, erhalten diese in ihrer verminderten Unterweltsexistenz noch etwas Lebens- und Bewußtseinskraft zugeführt. Man wird eines Toten um so mehr gedenken, je mehr Gutes er in seinem irdischen Leben getan hat. So wird er tatsächlich nach seinem Tod noch für sein Leben »belohnt«. Diese Theorie führt sich jedoch selbst *ad absurdum*. Die Erinnerung an das Frühere schwindet unter den Menschen schnell (vgl. $2^{11.16}$). Kohelet faßt deshalb hier die Toten sofort in jenem Zeitpunkt ins Auge, wo auf Erden die erst noch ein wenig sich haltende Erinnerung an sie geschwunden ist. Dann ist auch ihr »Lohn« dahin, dann haben sie kein Bewußtsein mehr. Dann erst eigentlich sind sie wirklich tot. Die hier vorausgesetzte populäre Theorie, die gewissermaßen mit langsamem und verzögerbarem Verlöschen des Bewußtseins rechnet, mag angesichts mancher parapsychologischer Fakten gar nicht so falsch sein. Man muß klar sehen, daß sie nichts zu tun hat mit Theorien von einer unsterblichen Seele oder mit einer Hoffnung auf eine Auferweckung und Neubelebung der schon Toten durch Gott. Für solches hat Kohelet, falls es überhaupt in seinen Denkhorizont tritt, nur das »Wer weiß?« von 2^{21}. Hier aber weist er alle Verharmlosungen des Tods durch Hinweis auf kommunikative Restmöglichkeiten kurz nach dem Tod im Blick auf das, was dann bald definitiv eintritt, in ihre Grenzen. Den Toten fehlt das, was die Lebenden auszeichnet und was das Bewußtsein erst wirklich konstituiert: die interpersonale Kommunikation. Sie richtet sich auf die Dauer nur auf die Lebenden. Von ihr als von dem, was unter der Sonne weiterläuft, aber sich nicht mehr zu den Toten hin erstreckt, ist in ^{6} die Rede. Die dort gereihten Stichwörter sind auch durch Reim auf »Erinnerung an sie« bezogen und gehören so zweifellos der Sache nach mit »Erinnerung« zusammen: *zikrām-gam 'ahabātām gam śin'ātām gam qin'ātām*. Liebe, Haß, Konkurrenz sind Stichworte, die (über 3^{8}; 4^{4}) auf frühere Großzusammenhänge verweisen, und damit auf die ganze Vielfalt des direkten menschlichen Zusammenlebens. Reflektiert der Mensch dieses direkte Leben, dann sichtet er die Grenzen des Todes. Dies führt ihn zur Gottesfurcht und – falls unsere Deutung von 9^{4} richtig ist – zum Vertrauen. Das wiederum macht ihn fähig, richtig zu leben. Er kann die Freude als seinen gottgeschenkten Anteil genießen und kann da, wo es sich anbietet, tatkräftig handeln. Das sind die entscheidenden Aussagen im Rahmen des folgenden Schlußteils des Buchs.

9^{7}–12^{7} Das Buch führt am Ende neu ins Leben und Handeln hinein. Es schließt, wenn man will, mit einer Ethik. Aus diesem Bereich war das religiöse Verhalten schon in 4^{17}–5^{6} vorausbehandelt worden, um dem Buch ein Zentrum zu geben. Hier wird nun das Ethos für die eher profanen Lebensbereiche entwickelt. Gegen Ende tut Kohelet etwas, was er bisher, wohl um sich von traditionellen »Lehren« abzusetzen, peinlich vermieden hat: Er gebraucht eine Anrede für seinen Adressaten. Es ist zwar nicht die traditionelle Bezeichnung des Schülers durch den Lehrer »mein Sohn« (sie wird erst der ganz anders eingestellte Verfasser des zweiten Nachworts in 12^{12} benutzen), aber doch wenigstens »junger Mann« (11^{9}). Auch dies macht deutlich, daß jetzt am Ende konkrete Weisung erteilt wird. Ein gewisses Problem bietet die Bestimmung des Anfangs dieses ethischen Teils. Die Masse seines Texts besteht aus meist assoziativ aneinander gereihten Sprüchen. Doch scheint dieses thematisch eher schweifende Material durch einen Rahmen zusammengehalten zu sein, der die Hauptweisungen enthält. Sein Anfangsteil läßt sich aus dem Endteil erschließen. Lebensfreude, das Thema des Schlußgedichts 11^{9}–12^{7}, ist auch Thema von 9^{7-9}: das wäre der äußere Rahmen. Tätiges Handeln, das Thema von zumindest 11^{4-8}, wird auch in 9^{10} gefordert: das wäre der innere Rahmen. Unklarheit über den Anfang entsteht jedoch durch zwei in entgegengesetzte Richtungen weisende Tatsachen.

Einerseits könnte 9^{7-9} in Analogie zu 8^{15}, dem Abschluß von 8^{1-15}, auch der Schluß einer dann anzunehmenden Einheit 8^{16}–9^{9} sein (vgl. die Wiederholung des Stichworts »Anteil« aus 9^{6} in 9^{9}). Andererseits tritt am Ende des der Lebensfreude gewidmeten Schlußgedichts sehr deutlich das Motiv »Tod« in den Vordergrund (12^{5-7}), so daß auch möglich wäre, daß 9^{1-6}, wo das Motiv »Tod« ja auch beherrschend ist, schon einen ersten, äußersten Rahmen des Schlußteils bildet. Dann würde der vorangehende Teil kurz mit 8^{16f} enden.

Vermutlich liegt ein kontinuierlicher Übergang vor, bei dem die Grenzen unter verschiedenen Rücksichten verschieden angegeben werden müssen. Ein Rahmen wird bei erstmaliger Begegnung mit einem Text sowieso erst erkennbar, wenn man am Ende angelangt ist. Offenbar soll der Leser am Anfang von Kap. 9 langsam in einen neuen Buchbereich hineingeführt werden, ohne sofort zu überschauen, wohin er jetzt, wenn sich offenbar das Ende nähert, noch genau gelangen wird. Er soll sich gewissermaßen ins Leben hinein verlieren, wird aber am Ende dankbar sein, wenn das Wesentliche abschließend und rahmend noch einmal gesagt wird. Zwischen den rahmenden Teilen, die eindeutig anredend-ermahnenden Grundcharakter haben, findet sich in der Mitte eine Vielfalt von Formen. Man würde hier an sich von der Formtradition der Weisheit her ebenfalls vor allem die Gattung des anredenden Mahnworts erwarten. Sie ist jedoch nur spärlich anzutreffen: nur in $10^{4.20}$; 11^{1f}. Dazwischen stehen Texte, die man von Inhalt oder Formelementen her eher in früheren Teilen des Buchs als hier, zwischen den Mahnungen des Rahmens eingeschlossen, erwarten würde: 9^{11f}; 9^{13-16}; 9^{17f}; 10^{5-7}; 10^{12-15}. Kohelet schließt sich also auch in seiner Ethik stark an sein bisheriges Buch an. Wie ist das möglich? Zunächst ist zu beachten, daß im traditionellen Formenarsenal der Weisheit auch andere Spruchgattungen als der Mahnspruch ethische Weisung vermitteln konnten, z. B. Sprüche über etwas, was »besser« ist als etwas anderes (vgl. 9^{16}–10^{1}), Gegensatztypisierungen (vgl. 10^{12-17}) oder Ursache-Folge-Aufweise (vgl. $10^{10f.18f}$; 11^{4}). Wir begegnen allerdings auch völlig vorethischen Beschreibungen beachtenswerter Sachverhalte, etwa in 9^{11-16}; $10^{2f.5-11.15}$; 11^{3}. Sie erinnern zum Teil geradezu an die populär-gnomischen Frühformen der alten Weisheit. An ihnen wird deutlich, daß das Wort »Ethik« die Intention dieses Schlußteils doch nicht ganz richtig charakterisiert.

Besser sagt man vielleicht, nach der Destruktion des bisherigen Weltwissens wolle das Buch doch mindestens noch ansatzweise ein neues gesellschaftstragendes »Wissen« aufbauen. Zum »Wissen« einer Gesellschaft gehören aber nicht nur Anweisungen (so oder so *handelt* »man«), sondern noch vorgängig dazu Wirklichkeitsdefinitionen (so oder so *ist* »man«). Erst beides zusammen erstellt die Sinnwelt, aufgrund deren eine konkrete Gesellschaft funktioniert. Auch die alte Weisheit hatte in ihren Lehren beides ineinanderverschachtelt geliefert. Deshalb kann auch Kohelet in diesem Schlußteil manchmal ganz indikativisch reden, einfach Welt durch Beschreibung eigentlich erst konstituierend. Er kann dabei an seine eigenen Darlegungen und auch die in ihnen gebrauchten Formen und Begriffe anknüpfen, er kann auch der von ihm soeben noch so scharf bekämpften Tradition im Konkreten wieder sehr nahe kommen – denn beim Kampf vorher ging es eher um die letzte, alles tragende Gesamttheorie als um das Detail der Welt. Da gibt es durch allen gesellschaftlichen Wandel hindurch auch sehr viel Bleibendes: vgl. 10^{6f} mit Spr 30^{22f}, 10^{12} mit Spr 15^{2}, 10^{18} mit Spr 20^{4}.

Rechnet man mit solcher Intention, dann erscheint dieser Teil des Buchs allerdings sehr kurz und die Auswahl sehr zufällig. Es muß noch ein Auswahlprinzip und eine selektive Leitidee gegeben haben. Bestimmte Bereiche, z. B. das Familienleben oder das gutnachbarschaftliche Verhalten fallen völlig aus. Vielleicht trugen in solchen Bereichen noch die alten Lehren. Die Schüler, die Kohelets Buch hier anspricht, hatten vielleicht schon eine Ausbildung im Stil der alten Weisheit hinter sich. Kohelet wäre dann nur daran interessiert, sie für das spezifisch Neue auszurüsten, das wirtschaftlich, politisch und gesellschaftlich empordrängt und demgegenüber die konkrete Weisung der Tradition blind ist. Die hier Angeredeten verlieren sich offenbar im Streß des Gleichziehens der eigenen Gruppe mit der herrschenden griechischen Oberschicht oder auch überhaupt erst des Aufstiegs in die begrenzte Gruppe der reichen und herrschenden Familien. Deshalb schon die entscheidenden Beispiele des anthropologischen und gesellschaftskritischen Teils mit dem stets daneben gestellten Hinweis, daß alles nichts nützt, wenn man das durch Arbeit ermögliche Glück nicht dann auch wirklich genießt. Das wird jetzt zur entscheidenden Ermahnung. Dagegen scheint es eher Abwehr eines Mißverständnisses der Relativierung alles Besitz- und Machtstrebens zu sein, wenn neben die Aufforderung zum Lebensgenuß die zu tatkräftigem und rechtzeitigem Handeln gestellt ist. Im Gegensatz zu den meisten griechischen Wanderphilosophen, mit denen er sonst so viel gemeinsam hat, macht Kohelet den Griff nach der Fülle der Güter und den Bau einer reicheren Welt nicht verächtlich. Er hält nichts vom Aussteigen, so wie er nirgends Leib und Seele trennt.

Wohl muß er seinen Schülern helfen, ihre konkrete gesellschaftliche Situation, deren Möglichkeiten wie deren Grenzen, zu begreifen, vorbei an allen Idealbildern der alten Weisheit, die versinkende oder schon versunkene Verhältnisse voraussetzen. Die Herrschaft ist in fremden Händen. Zur eigentlichen Schaltstelle der Macht in Alexandria besteht kaum ein Zugang.

Deshalb fehlen Anweisungen für das Verhalten am Königshof (8^{2-4} war nicht Weisung, sondern ironische Abwehr des alten Höflingsideals). Dieser wird nur wie aus weiter Ferne, fast märchenartig vereinfacht, in 10^{16f} als letztlich doch für Wohl und Wehe des Landes entscheidend wahrgenommen. Präsent ist er nur durch allgegenwärtige Nachrichtendienste und wohlbelohnte Denunzianten, vor denen man auf der Hut sein muß (10^{20}). Was zählt, ist der am Ort oder in der Provinz befindliche

frische Kleider, und nie fehle duftendes Öl auf deinem Haupt. [9] Mit einer
Spr 5[18f] Frau, die du liebst, genieß das Leben alle Tage deines Lebens voll Wind-
hauch, die er dir unter der Sonne geschenkt hat, alle deine Tage voll Wind-
hauch. Denn das ist dein Anteil am Leben und an dem Besitz, für den du
dich unter der Sonne anstrengst. [10] Alles, was deine Hand, solange du

9[10] Andere Übersetzungsmöglichkeit (gegen die mass. Akzente): »Alles, was du tun willst, das tu, solange du Kraft hast.«

»Machthaber« und der »Herrscher« von 10[4f]. Wir wissen nicht, ob hier der Hohepriester oder eine andere Spitze des Tempelstaats (es gab z. B. neben dem Hohenpriester einen προστάτης (Vorsteher) – ein Amt, das zwei hier durchaus in Frage kommende Jahrzehnte lang der Tobiade Joseph innehatte, der zugleich Generalpächter aller Steuern der gesamten Provinz Syrien und Phönizien war) oder der Statthalter der Provinz, der στρατηγός, gemeint ist. Das aramäische Wort *šallīṭ* ist, zumindest für uns, vage. Es kann alle möglichen hohen Funktionäre bezeichnen, vgl. Dan 3[2f]. Jedenfalls müssen die Schüler auf die möglichen Geschicke und Mißgeschicke im Umkreis dieses »Machthabers« vorbereitet werden. Im Gegensatz zur alten Weisheit entwirft Kohelet ein eher tristes Bild der Einflußmöglichkeiten eines Gebildeten und Kompetenten in diesem Milieu. Oft kommen ganz andere Leute hoch. Deshalb ist es nicht unwichtig, gleiches Augenmerk wie auf den Einfluß beim »Machthaber« auf den Ausbau des eigenen Besitztums zu verwenden. Der Text bleibt oft sehr im Bild und deutet nur verschlüsselt an – vermutlich nicht ohne Grund! Der Kommentar kann nur die Stichwortverkettungen und möglichen Sinndimensionen der Texte andeuten. Die Aufteilung der EÜ richtet sich nach Themen und Leitwörtern, manchmal auch nach sichtbaren formalen Neueinsätzen. Die Sprüche sind so sehr miteinander verkettet, daß man oft auch anders aufteilen könnte.

9[7-9] Äußerer Rahmen des Schlußteils. Nach Form und Inhalt ist [7-9] an die Lieder angelehnt, mit denen im gesamten alten Orient und in der klassischen Antike bei Festgelagen zum Lebensgenuß aufgefordert wurde. Die ähnlichsten Parallelen finden sich in den Worten der Götterschenkin im altbabylonischen Gilgameschepos und in den Harfnerliedern der ägyptischen Grabkammern. Zur gleichen Sitte in Israel vgl. Jes 22[13]. Im griechischen Raum war die Motivkombination längst in andere Gattungen eingedrungen, vor allem auch in belehrende Texte der Popularphilosophie. Kohelet spricht hier – von 7[14] abgesehen – erstmals auffordernd von der Freude, nicht mehr nur berichtend, reflektierend oder preisend. Die bisher einzigen konkreten Motive »Essen« und »Trinken« werden durch andere erweitert, die aber alle in den Kreis des Festefeierns gehören. Kohelet ist kein Prediger der »kleinen Freuden des Alltags«, wie manche Moralisten möchten. Er denkt an große Gelage. Die vieldiskutierte Frage, ob es sich in [9] um die oder eine Ehefrau handeln soll, steht im Zusammenhang eigentlich nicht zur Debatte und kann deshalb aus dem Text auch nicht beantwortet werden. Die Freude soll ständig gesucht werden. Das Motiv dafür ist: Dann, wenn sie sich anbietet, hat Gott sie ja auch gnädig zugeteilt. Die pleonastische Verwendung des Motivs vom Windhauch zeigt, daß diese Aufforderung zur Freude von allem vorher im Buch Gesagten nichts zurücknimmt, ihm vielmehr entspringt. [9b] macht dies explizit.

9[10] Innerer Rahmen des Schlußteils:

Kraft hast, zu tun vorfindet, das tu! Denn es gibt weder Tun noch Rechnen noch Können noch Wissen in der Unterwelt, zu der du unterwegs bist. → Joh 9[4]

Zufall und Zeit: 9 11-12 *9 11f:* +3[1]

11 Wiederum habe ich unter der Sonne beobachtet:
Nicht den Schnellen gehört im Wettlauf der Sieg, Spr 16[9] Röm 9[16]
nicht den Tapferen der Sieg im Kampf,
auch nicht den Gebildeten die Nahrung,
auch nicht den Klugen der Reichtum,
auch nicht den Könnern der Beifall, 10[12] 1 Kön 5[18]
sondern jeden treffen Zufall und Zeit.
12 Außerdem: Der Mensch kennt seine Zeit nicht.

9 11 »Beifall«: Andere Übersetzungsmöglichkeit: »Gunst«.

Die Alternativübersetzung dürfte vorzuziehen sein. Wie bei der letzten Aufforderung zur Freude in 11 9ff wird auch hier schon beim Thema »Handeln« auf die Jugend abgezielt. Der folgende Abschnitt hängt sich an »Können« (vgl. »Könner«) und »Wissen« (vgl. »Gebildeter« – im Hebr. die gleiche Wurzel) an.

9 11f Damit nochmals klar ist, daß es nicht in der Hand des Menschen ist, zu Freude zu kommen und bei seinem Tun auch Erfolg zu haben, wird die Lehre des ganzen Buchs zu diesem Punkt noch einmal in poetischer Form zusammengefaßt. Leitwort ist »Zeit« im Sinne von καιρός (vgl. 3 1), einmal näher determiniert durch »Zufall« (was zum Guten wie zum Schlechten offen sein kann), einmal durch »Unglück« (was nur in eine Richtung weist). »Unglückszeit« (im Bild vorbereitet durch den Kunstausdruck »Unglücksnetz«) muß nicht sofort den Tod meinen. Doch wenn dem Menschen die Dinge nicht mehr glücken, meldet sich der Tod durch erste Boten. Zum Bild des Netzes in 12 vgl. Homer, Odyssee 22,283ff: »Aber nun sah er sie alle im Staub und im Blute da liegen, hingeworfen in Menge wie Fische. Wie draußen vom grauen Meere Fischer sie holen in enggeflochtenen Netzen…« Die fünf Beispiele in 11 reduzieren sich, wenn man genau zusieht, auf drei: den sportlichen Wettkämpfer, den hohen Militär und den reichen und mächtigen Mann des städtisch-aristokratischen Milieus, der den Lebensunterhalt seiner Familie (»Nahrung«), die den politischen Einfluß erst sichernde darüber hinausgehende finanzielle Fülle (»Reichtum«) und diesen Einfluß selbst (»Beifall«) anstrebt. Die drei letzten Beispiele sind durch jeweils wiederholtes »auch nicht« von den beiden ersten abgehoben und als das gekennzeichnet, worauf es konkret ankommt. Die ganze Reihe mag das biographische Ideal eines jungen Griechen kennzeichnen: sportlicher Erfolg in der Jugend, militärische Karriere, Gründung eines Hausstands, Güterakkumulation, öffentlicher Einfluß in der Polis. Ob der judäischen Oberschicht im 3. Jh. sportliche Wettkämpfe lagen, entzieht sich unserer Kenntnis. Jüdische Soldaten, auch Offiziere, waren ein geschätztes Element in den hellenistischen Armeen. Doch wieder ist zu fragen, wie weit sich der Jerusalemer Adel hier engagierte. So werden in der judäischen Aristokratie normalerweise nur die drei letzten Bereiche wichtig gewesen sein. Auf sie zielte die weisheitliche Erziehung, und auch die Bildungsbe-

Wie Fische, die ins Unglücksnetz geraten sind,
wie Vögel, die ins Klappnetz geraten sind,
ebenso verfangen sich die einzelnen Menschen
in ihre Unglückszeit,
wenn sie plötzlich über sie herabfällt.

Wissen und Macht: 9^{13-18}

[13] Auch folgendes habe ich unter der Sonne beobachtet, ein Beispiel von
Wissen, das ich für bedeutsam hielt: [14] Es war eine kleine Stadt. Die hatte
nur wenige Bewohner. Ein mächtiger König zog gegen sie aus. Er schloß
sie ein und baute gegen sie hohe Belagerungstürme. [15] In der Stadt fand
6^{8} sich ein armer, aber gebildeter Mann. Der rettete die Stadt durch sein Wis-
sen. Später aber erinnerte sich kein Mensch mehr an diesen armen Mann.
[16] Da sagte ich:

7^{19} Spr 24^{5} Wissen ist besser als Macht,
Sir 13^{22f} aber das Wissen des Armen gilt nichts,
und niemand will seine Worte hören.

9^{14} Andere Übersetzungsmöglichkeit: »Ein Großkönig« (Titel).
9^{15} Andere Übersetzungsmöglichkeit: »Der hätte die Stadt durch sein Wissen retten können. Aber kein Mensch dachte an diesen armen Mann.«

mühung Kohelets. Er verweigert hier seinen Schülern die Erfolgsgarantie. Das steht im Gegensatz zum üblichen professionellen Selbstlob des Bildungsbetriebs, mit dem man die Schüler zum Lernen motiviert. Doch wenn auch Selbstlob verweigert wird, Selbstreflexion über den späteren Ort des Schülers in der Gesellschaft ist unentbehrlich. Daher ist [11f] ähnlich wie vor allem der ebenfalls poetische Text 5^{9-11} auch eine Art Einleitungsstück, an dessen Stichworten im folgenden breitere Ausführungen anknüpfen. Die Einzelheiten werden am jeweiligen Ort angezeigt werden. 9^{13}–10^{7}, umrahmt von zwei Stücken im Stil des Berichts über eine Beobachtung, behandelt vor allem die Chancen des Gebildeten im politischen Leben, wohl in der Umgebung des »Machthabers«. 10^{12}–11^{3} scheinen eher um die private Existenzsicherung zu kreisen. Zum Zwischenstück 10^{8-11} fehlen, vom Wort »Wissen« abgesehen, deutliche Stichwortbeziehungen. Nach 9^{13}–10^{7} wird die Durchsetzungskraft des Gebildeten im Bereich der politischen Machtausübung in Frage gestellt durch Unbildung (9^{13-18}), ja Dummheit (10^{1-3}) der entscheidenden Leute, nämlich des »Herrschers« (10^{4}) und seiner Umgebung (10^{5-7}). Das wird aber höchst verschlüsselt ausgeführt, und insofern ist die nun folgende Auslegung recht unsicher.

9^{13-16} Anknüpfungspunkt ist das soeben genannte Lebensziel: »Beifall« für die »Könner« = politischer Einfluß. Eine Beispielgeschichte problematisiert das. Die Leser werden das Ereignis, auf das angespielt wird, erkannt haben. Wir kennen es nicht. Den (ursprünglich aus Assur stammenden Titel βασιλεὺς μέγας (Großkönig) haben sich mehrere ptolemäische und seleukidische Könige zugelegt. Daher ist es für uns auch nicht entscheidend, ob in [15] die EÜ oder die angegebene Alternative im Recht ist. Im Urtext ist »groß« eine Art Leitwort (EÜ: »be-

17 Bedächtige Worte von Gebildeten hört man sich lieber an
als das Geschrei des Herrschers der Ungebildeten,
18 und Wissen ist besser als Waffen – Spr 21,22
aber ein einziger, der falsch entscheidet, kann viele Werte zerstören.

Dummheit: 10,1-3

10,1 Sterbende Fliegen – da stinkt und gärt sogar
das (duftende) Öl für die Schönheitspflege;
schwerer als Wissen und Geltung
wiegt eine kleine Dummheit.
2 Der Verstand des Gebildeten wählt den rechten Weg, +2,14
der Verstand des Ungebildeten den linken;

9,17 Andere Übersetzungsmöglichkeit: »und seine Worte werden nicht vernommen. Bedächtige Worte von Gebildeten sind vernehmlicher als das Geschrei des Herrschers unter den Ungebildeten.«
9,18 Wörtlich: »ein einziger, der Falsches tut.«
10,1 Wörtlich (und besser): »Sterbende Fliegen – da stinken und gären die Wässer des Parfümherstellers.«

deutsam«, »mächtig«, »hoch«), dem dann als Gegenwort zunächst »klein«, dann »arm« entspricht (dies ebenfalls dreimal). Die Lehre, die Kohelet zieht, ist als Zwar-Aber-Aussage formuliert. Sie zeigt eine erste Durchsetzungsschwäche des Intellektuellen: Wissen muß finanziell abgestützt sein, sonst hilft es nichts.

9,17f Ein weiterer Zwar-Aber-Gedankengang, durch den vorangehenden wohl provoziert. Wir haben wieder wie im ideologiekritischen Teil ein dialektisches Spiel mit Sprüchen. »Seine Worte werden nicht vernommen« aus 16 provoziert eine gegenteilige Aussage aus der Tradition, diese wird in 18a durch einen Satz verlängert, der fast identisch ist mit der Zwar-Aussage von 16, und dem setzt die Aber-Aussage in 18b dann eine zweite Durchsetzungsschwäche des Intellektuellen entgegen: Glükkende Gesellschaft (»viele Werte«: wörtlich: viel Gutes, viel Glück) setzt richtiges Zusammenwirken aller voraus; Mißlingen kann schon eintreten, wenn ein einziger ausschert. Mehr ist nicht offen gesagt. Doch dürfte mit dem »einen, der Falsches tut«, wohl der Oberungebildete von 17 und mit ihm wohl der »Machthaber« gemeint sein, der sich offenbar nicht durch Kompetenz, sondern durch Lautstärke auszeichnet. Kohelet verschweigt seinen Schülern ihre prekäre Zukunft nicht.

10,1 Fast ein Sprichwortbeleg für 9,18. Insofern könnte man auch an 9,17–10,1 als eine Einheit denken. Doch ist 10,1 zugleich mehr als eine plastische Parallele zu 9,18. Es erscheint ein neues Stichwort: »Dummheit«. Bisher war von Unbildung die Rede. Sie wäre behebbar. Dummheit ist es nicht. Hier zeigt sich eine weitere Durchsetzungsschwäche der Intellektuellen: die Grenze der Intelligenz der Maßgebenden. Die gestelzte Formulierung der EÜ in 10,1 kann nur durch Angst vor Fremdwörtern (Parfüm) und Fachausdrücken (Wässer/Duftwässer) erklärt werden.

10,2f erklären den Unterschied zwischen Unbildung und Dummheit.

3 doch der Dumme – welchen Weg er auch einschlägt,
ihm fehlt der Verstand,
obwohl er von jedem andern gesagt hat: Er ist dumm.

Gelassenheit: 10^4

8^{2-4} 4 Wenn der Herrscher gegen dich in Zorn gerät,
bewahre die Ruhe;
denn Gelassenheit bewahrt
vor großen Fehlern.

10^4 Andere Übersetzungsmöglichkeit: »Gib deine Stellung nicht auf.«

Rechts und links sind Bilder für gut und schlecht. Entweder führt der jeweilige Verstand den Gebildeten zum Guten, den Ungebildeten zum Bösen, oder er führt den Gebildeten zum Erfolg, den Ungebildeten zum Mißerfolg. Da gibt es Zusammenhänge. Das Handeln des Dummen dagegen hat keinerlei rationale Basis, weder eine gute noch eine schlechtentwickelte. Dazu fehlt die Einsicht über den eigenen Zustand, und er projiziert ihn in die andern. Geheimer Gegenstand auch von 10^{1-3} wird weiterhin der »Machthaber« gewesen sein, oder zumindest seine Umgebung. Für die letzte Annahme spricht, daß nun nacheinander offener die Themen »Herrscher« (^{4}) und »Umgebung des Machthabers« ($^{5-7}$) zur Sprache kommen, und daß in ^{6} dann die nächste Umgebung des »Machthabers« als die inkarnierte Dummheit betrachtet wird. Das volle Verständnis von $^{1-3}$ konnte also erst beim Weiterlesen zustande kommen. Es ist wichtig (und von den Kommentatoren im allgemeinen übersehen), daß hier nicht vom »König« geredet wird, sondern offenbar von erreichbaren und für die Adressaten des Buchs auch bedeutenderen hohen Beamten. Der Ausdruck »Herrscher« (der durchaus nicht nur dem König zukommt) in ^{4} ist vielleicht durch das alte Sprichwort in 9^{17} bedingt. Vermutlich ist die gemeinte Person identisch mit dem »Machthaber« von ^{5} (und 8^9).

10^4 Stichwortverbindungen zu 9^{17f} (in der EÜ zum Teil nicht erkennbar): »Herrscher«, »bewahren« (^{17} »bedächtig«), »Fehler« (^{18} »falsch entscheidet«). Dies ist der erste formelle Rat, den Kohelet nach dem Rahmen gibt, und der einzige in 9^{13}–10^7. Die Kürze spricht nicht gegen seine Bedeutung. Nach der wohl vorzuziehenden obigen Alternativübersetzung soll eine einmal erreichte Stellung möglichst gehalten werden. »Große Fehler«: vielleicht der eigene, nämlich die Stellung aufzugeben. Aber im Hinblick auf die Stichwortbeziehung zu 9^{18} doch wohl eher die Fehler, die der »Herrscher« dann auch noch beginge, wenn sich ihm der letzte gute Berater entzöge. Wie sehr steht das in Widerspruch zu den ironischen Ratschlägen an den fingierten alexandrinischen Höfling in 8^{2-4}. Aber dort ging es darum, die Verhimmelung der Beraterlaufbahn, die in der Bildungstradition üblich war, in ihrer Brüchigkeit aufzudecken. Hier wird im Kontext aus all dem kein Geheimnis gemacht und dann dennoch zur Mitarbeit aufgefordert. Die Oberschicht, zu der Kohelet spricht, muß wohl laufend vor der Frage gestanden haben, ob sie weiter politischen Einfluß suchen oder ob sie sich auf die Wirtschaft und den Handel zurückziehen und sich nur der

Ungerechte Behandlung bei Hof: 10^{5-7}

5 Es gibt etwas Schlimmes, das ich unter der Sonne beobachtet habe – solch +2^{17}
ein Versehen, wie es vom Machthaber zu kommen pflegt:
6 Die Dummheit wurde auf höchsten Posten gestellt, Spr 30^{22}
und Reiche müssen unten sitzen.
7 Ich habe Sklaven hoch zu Pferd gesehen,
und Fürsten, die wie Sklaven zu Fuß gehen mußten.

Lauernde Gefahren: 10^{8-9}

8 Wer eine Grube gräbt, kann hineinfallen, Ps 7^{16} 9^{16} 35^{8}
wer eine Mauer einreißt, den kann die Schlange beißen, 57^{7} Spr 26^{27}
9 wer Steine bricht, kann sich dabei verletzen, Sir 27^{26}
wer Holz spaltet, bringt sich dadurch in Gefahr.

eigenen Bereicherung und dem Lebensgenuß widmen sollte.

10^{5-7} Nach dem »Herrscher« seine Umgebung. »Versehen« (kultischer Terminus, vgl. 5^{5}) ist ironisch. »Dummheit« ist *abstractum pro concreto*. Der Gegensatz zu den Dummen sind überraschenderweise nicht die Gebildeten, sondern die Reichen. Das zeigt wieder, daß konkrete Jerusalemer Verhältnisse vor Augen stehen, nicht abstrakte Maximen formuliert werden. Schon in persischer Zeit gab es, wenn auch nicht in exekutiver, so doch in beratender Funktion einen damals 150 Köpfe umfassenden Ältestenrat, in dem die Vertreter der reichsten Familien zusammengefaßt waren (Neh 5^{17}; 12^{40} 13^{11}). Antiochus III. gab dieser γερουσία später auch direkte politische Funktionen. Auswahlprinzip war Bedeutung und Reichtum der Familie. Unser Text setzt allerdings als selbstverständlich voraus, daß nur die Reichen auch gebildet und damit auch politisch kompetent sein können. Wer sonst allerdings hätte Zugang zum Bildungswesen gehabt? Aber jetzt findet in der Jerusalemer hohen Gesellschaft eine Umschichtung statt. Dabei gehen die geltenden (und auch für Kohelet einzig richtigen) Wertmeßstäbe verloren. Der Vorgang ist »schlimm« ^{5}, genauso wie z. B. ein geschäftlicher Zusammenbruch, der einen Reichen arm macht und zur Schuldknechtschaft zwingt (5^{12}–6^{6}). Aber der Schüler Kohelets muß wissen, daß, wenn er seinen Weg nach oben gehen will, er weder mit Protektionssystemen festetablierter Gruppen noch mit Aufstieg nach wirklichem Verdienst und wirklicher Befähigung rechnen darf.

10^{8-11} stehen kaum verbindbar zwischen 9^{13}–10^{7} einerseits und 10^{12}–11^{3} andererseits, die sich beide deutlich auf 9^{11f} rückbeziehen lassen. Sie enthalten 6 Wenn-Dann-Aussagen, wobei die ersten 4 (die Bedingung ist partizipial formuliert – EÜ »wer…«) den letzten beiden, die länger sind (die Bedingung ist als Satz formuliert und ein zweiter, negativer Satz vervollständigt sie; die EÜ hat in ^{11} die Reihenfolge von Bedingung und Folge um der Spruchformulierung willen vertauscht), ungefähr an Gewicht gleichkommen. $^{8-9}$ ließen sich auf die Formel bringen: Wenn jemand aktiv wird, setzt er sich auch Gefahren aus. $^{10-11}$ könnten besagen: Mit Hilfe von Fachwissen, das man zur rechten Zeit anwendet, ist man erfolgreicher als ohne. Dies wird gerade in dem von der Konstruktion des ganzen her überschüssigen Textteil ^{10b} ausgesagt, der durch das Stichwort »Vor-

Anwendung des Wissens: 10[10-11]

[10] Wenn die Axt stumpf geworden ist,
und ihr Benutzer hat sie nicht vorher geschliffen,
dann braucht er mehr Kraft –
Wissen hätte ihm den Vorteil gebracht,
daß er sein Werkzeug vorbereitet hätte.
Sir 12[13] [11] Der Schlangenbeschwörer
hat keinen Vorteil,
wenn die Schlange beißt,
bevor er sie beschworen hat.

Der Ungebildete: 10[12-15]

9[11] Spr 10[32] [12] Worte aus dem Mund des Gebildeten finden Beifall,
15[2] Sir 21[16] jedes Wort von den Lippen des Ungebildeten bringt ihn selbst in Verwirrung.

10[10] Wörtlich: »Wissen gibt den Vorteil, vorzubereiten.«

teil«, das sich in [11b] wiederholt, doch fest ins Ganze eingebunden ist, ja sich als Aussagespitze erweist. [10] und [11] sind im übrigen durch die Motive »Axt« und »Schlange« fest mit dem 2. und 4. Beispiel von [8f] verbunden. [11] ist ein durch mehrere in einer Übersetzung nicht nachahmbare Reime und Assonanzen besonders festgefügter Spruch und mag entstehungsgeschichtlich die Urzelle von ganz [8-11] gewesen sein. Will das Spruchgefüge vielleicht doch eine Brücke zwischen Vorher und Nachher im Text schlagen, indem es sagt: Es ist schon so, daß dem, der sich tätig der Wirklichkeit zuwendet, auch entsprechende Risiken drohen – aber zugleich kann man durch das in der Ausbildung erworbene Wissen zum mindesten sein Handeln leichter machen und manchen Unglücksfällen zuvorkommen? Also doch ein wenn auch sehr eingeschränkter Vorteil der Bildung! Doch sind andere Sinnmöglichkeiten nicht ausschließbar. So ist allen 4 Beispielen in 10[8f] gemeinsam, daß etwas Massives, Festes aufgerissen wird, und dann droht Gefahr. Soll das vielleicht eine Warnung vor Beteiligung an jener gesellschaftlichen Umschichtung sein, von der zuvor die Rede war? Falsch wäre es sicher, [8f] im Hinblick auf das auch sonst belegte Sprichwort vom Graben der Grube (vgl. Randverweise) so zu deuten, daß Handlungen, mit denen man anderen schaden will, auf einen selbst zurückschlagen. Das paßt weder zu Kohelets Leugnung der Tun-Ergehen-Theorie noch zu allen 4 Beispielen.

10[12]–11[3] Obwohl in 10[16f.20] vom König, dem höchsten Adel und den Reichen (in der Umgebung des Königs) die Rede ist, wendet sich jetzt nicht etwa die Aufmerksamkeit von Jerusalem nach Alexandria, sondern das alles sind eher Wesen in weiter Ferne. Stadt und Land, Häuser, Wasser und Bäume scheinen näher zu sein. In [20] könnten sogar Schüler aus einfacheren Verhältnissen (für die ein »Reicher« zur Gegengruppe gehört), in [15] solche, denen der soziale Aufstieg sogar mißlingen könnte, angeredet sein. So wird hier wohl eher die Zukunft im Land, im eigenen Besitztum, im eigenen Geschäft

13 Wenn er redet, steht Dummheit am Anfang,
am Ende schlimme Verblendung.
14 Und der Dumme redet endlos. Dabei kann doch der Mensch nicht er- 5^{2} $+6^{12}$ 8^{7}
kennen, was geschehen wird. Und was nach ihm geschieht – wer verkün-
det es ihm? 15 Die Arbeit erschöpft die Ungebildeten: Keiner hat es ver-
standen, in die Stadt zu ziehen.

Königshof und Schicksal des Volks: 10^{16-17}

16 Weh dir, Land, dessen König ein Knabe ist Jes 3^{4} 5^{11}
und dessen Fürsten schon früh am Morgen tafeln. Spr 31^{4-7}

10^{15} Andere Übersetzungsmöglichkeit: »Wer es nicht versteht, in die Stadt zu ziehen, der schafft sich müde als ungelernter Arbeiter.«

10^{16} »Knabe«: Andere, bessere Übersetzung: »Sklave« (vgl. ^{17}).

ins Auge gefaßt sein. Schon $^{8-10}$ hatten ja, wenn auch zunächst als Bild, recht elementare Tätigkeiten aus dem Landleben in den Blick gerückt. Aus 9^{11} ist jetzt also eher der Satz »den Gebildeten die Nahrung« wichtig. Stichwortbezüge zu 9^{11f}: »Gebildeter« vgl. 10^{12}; »Nahrung« vgl. 10^{19} (EÜ: »man schlemmt«); 11^{1} (EÜ: »Brot«); »Beifall« vgl. 10^{12}; »der Mensch kennt nicht« vgl. 10^{14} (EÜ: »kann nicht erkennen«); 10^{15} (EÜ: »keiner hat es verstanden«); 11^{2} (EÜ: »weiß nicht«); »Unglück« vgl. 10^{13} (EÜ: »schlimm«); 11^{2}; »herabfällt« vgl. 11^{3} (EÜ: »fällt«). Am Anfang scheint eher 9^{11}, in den Schlußversen in 11^{2f} eher 9^{12} bestimmend zu sein. Der Text scheint in den beiden Mahnungen 10^{20} und 11^{1f} zu kulminieren. Die erste, eine Warnung vor unvorsichtigem Reden, ist im vorangehenden Text vorbereitet. Die zweite, eine Aufforderung zu Wagemut wie zur Vorsicht im Geschäftsleben, wird im folgenden Vers 11^{3} begründet.

10^{12-14} Eine Gegenüberstellung des gebildeten und des unausgebildeten Redners in klassischer Machart mit Akzent darauf, daß der Nichtskönner sich selbst schadet, wenn er auftritt, wird dann in ^{14} noch nach Art des Hauses Kohelet kommentiert. Das Schlimmste ist, daß der Dumme so viel redet. Kohelet führt gegen den zum Dummen degradierten Ungebildeten mit einem aus 8^{7} und 6^{12} zusammengezogenen Selbstzitat etwas an, was ursprünglich nicht gegen Ungebildete, sondern gegen die traditionelle Bildung und ihren Welterklärungsanspruch gerichtet war. Vielleicht ist der Gedanke der, daß dies für Ungebildete *a fortiori* gilt.

10^{15} Angeschlossen durch das Stichwort »ungebildet«. Der Spruch ist schwer deut- und übersetzbar (vgl. Alternativübersetzung). »In die Stadt ziehen« könnte eine sprichwörtliche Redensart für »reich werden« und »sozial aufsteigen« gewesen sein. Die Bezugsgruppe Kohelets bestand wohl vornehmlich aus Großgrundbesitzern, die aber längst in der Stadt wohnten. Von dort aus verwalteten sie ihre Güter, trieben Handel und genossen das Leben, soweit sie sich die Zeit dazu nahmen. Doch könnte Kohelet auch junge Leute aus Familien betreut haben, die den Sprung in die Stadt noch nicht geschafft hatten. Wenn sie nicht aufstiegen, sondern absanken, gerieten sie ins schwer arbeitende Landproletariat. Damit konnte Kohelet faulen Schülern also drohen.

10^{16f} Formell ein Wehe-Wohl-Ruf über das Land, nur inhaltlich dann

17 Wohl dir, Land, dessen König von edlem Geschlecht ist
und dessen Fürsten zur richtigen Zeit tafeln,
beherrscht und nicht wie Zecher.

Faulheit: 10,18

Spr 20,4 18 Ist einer träge, so senkt sich das Gebälk,
läßt er die Hände sinken, so dringt der Regen ins Haus.

Geld: 10,19

2,2 19 Man schlemmt und will dabei lachen,
Ps 104,15 der Wein erfreut die Lebenden,
das Geld macht alles möglich.

Vom Reden über Mächtige: 10,20

20 Nicht einmal in Gedanken schimpf auf den König,
nicht einmal im Schlafzimmer schimpf auf einen Reichen;

10,19 »Alles«: Andere Übersetzungsmöglichkeit: »beides«.

auch über König und Fürsten. Ob wieder über konkrete Verhältnisse gehandelt wird, konnten die ursprünglichen Leser erkennen, wir können es nicht mehr. Hebr. *na'ar* kann »Knabe« wie »Sklave« heißen. Vom Kontext her liegt »Sklave« näher. Kommentatoren, die »Knabe« bevorzugen, denken dann meist an Ptolemäus V. Epiphanes, der 205 v. Chr. fünfjährig den Thron bestieg, während sein Vormund Agathokles und dessen Schwester Agathoklea durch Mißwirtschaft und Ausschweifungen Ärgernis erregten. So ließe sich das Buch fast aufs Jahr datieren. Denn 203 gab es einen Aufstand, und die verhaßten Geschwister wurden vom Volk von Alexandria niedergemetzelt. Bei solcher Auslegung sollte man dann allerdings auch den »König von edlem Geschlecht« mit Antiochus III. identifizieren, der sich in diesen Jahren zur Eroberung Palästinas rüstete. Kohelet wäre dann bei dessen Jerusalemer Parteigängern gewesen, und dieses verdeckte Bekenntnis wäre hier eigentlich der springende Punkt im Text.

10,18f schließen sich an Motive aus 16f an: Wer schon morgens mit Festgelagen beginnt, sorgt natürlich nicht für das, was seiner Sorge anvertraut ist. So könnte in 18 das »Haus« ein Bild für den Staat sein, insbesondere da nach der ptolemäischen Reichsideologie der Staat als die οἰκία, der Haushalt des Königs, betrachtet wurde. In 19 »Geld« könnte jenes Geld vor Augen stehen, das aus den Provinzen ausgepreßt wurde. Doch selbst wenn das alles mitklingt, können die beiden Sprüche durchaus auch allgemeiner gemeint sein: als Warnung des Schülers vor Trägheit und als Aufforderung zum Gelderwerb, weil man durch ihn erst zum Lachen, zur Freude kommt.

10,20 Wiederaufnahme des Themas »Reden«, zu der vielleicht alles von 16 ab hinführte. Das Bild von den Vögeln ist wie unser »Die Wände haben Oh-

denn die Vögel des Himmels könnten dein Wort verbreiten,
alles, was Flügel hat, könnte die Nachricht weitermelden.

Berechenbarkeit und Unberechenbarkeit der Zukunft: 11[1-3]

11[1] Leg dein Brot auf die Wasserfläche,
denn noch nach vielen Tagen wirst du es wiederfinden –
[2] verteil dein Kapital auf sieben oder gar auf acht,
denn du weißt nicht, welches Unglück über das Land kommt.
[3] Wenn die Wolken sich mit Regen füllen,
schütten sie ihn auch über das Land aus;
wenn ein Baum nach Süden oder Norden fällt –
wohin der Baum auch fällt, da bleibt er liegen.

Tatkräftiges Handeln: 11[4-8]

[4] Wer ständig nach dem Wind schaut, kommt nicht zum Säen,
wer ständig die Wolken beobachtet, kommt nicht zum Ernten.

ren«. Falls die historisierende Interpretation von [16] zutrifft, paßt [20] ins Bild, da Agathokles besonders stark mit Nachrichtendiensten und Auswertung von Denunziationen arbeitete.

11[1f] Das Bild in [1] ist schwer zu deuten. Wenn es ein reines Bild ist, bedeutet es: Du magst mit deinem Besitz etwas Falsches anstellen, wodurch er eigentlich verloren ist – es kann geschehen, daß er dir dennoch und gerade dadurch erhalten bleibt. Zur Lebensphilosophie der hellenistischen Aufsteiger gehörte es, nach allen Seiten hin Geschenke und Aufmerksamkeiten auszuteilen. Vielleicht machte es sich eines Tages bezahlt. Ob Kohelet das meint? Die jüdische Auslegungstradition hat den Text weithin so gelesen, ihn allerdings dann fromm in eine Ermahnung zum Almosengeben umgedeutet (vgl. »Macht euch Freunde mit dem ungerechten Mammon...«). Vermutlich war aber »sein Brot auf das Wasser legen« schon ein fixierter Bildausdruck für Seehandel, natürlich unter der besonderen Rücksicht des Wagemuts und des Risikos. Das in [2] vorausgesetze Verhalten ist größte Vorsicht des Geschäftsmanns. Kohelet gibt für beide Einstellungen eine Begründung – eben die, die man sich selber gibt, wenn man sich zu einer dieser Einstellungen entschließt. Die eigentliche Aussage steckt im paradoxen Nebeneinander der beiden Ratschläge. Dieses besagt, daß eigentlich keine Ratschläge gegeben werden können. Der wagemutige wie der übervorsichtige Geschäftsmann können recht behalten. Warum?

11[3a] ist ein Zwar-Satz: Zwar gibt es Fälle, wo man Kausalzusammenhänge erkennen kann. Dem entspricht [3b] als Aber-Satz: Aber es gibt auch den unberechenbaren Zufall, und was sich bei ihm ergibt, ist dennoch definitiv. Die Anknüpfung an [2] durch den Ausdruck »über das Land« läßt die Regenwolken – obwohl Regen sonst ein Segensgut ist – hier eher als Unglücksbild erscheinen. Dasselbe gilt für die Bäume durch das von 9[12] her festliegende Motiv des Fallens. So steht im ganzen eher ein Bäume entwurzelndes, mächtiges Gewitter vor Augen.

11[4-8] Innerer Rahmen des Schlußteils. Die Ermahnung, auf die er hinausläuft, steht in [6]: Ständig tätig sein. Vor kon-

5 Wie du den Weg des Windes ebensowenig wie das Werden des Kindes im
+3[11] +8[17] Ps 139[15] Leib der Schwangeren erkennen kannst, so kannst du auch das Tun Gottes
nicht erkennen, der alles tut. 6 Am Morgen beginne zu säen, auch gegen
Abend laß deine Hand noch nicht ruhen, denn du kannst nicht im voraus
erkennen, was Erfolg haben wird, das eine oder das andere, oder ob sogar
beide zugleich zu guten Ergebnissen führen.

7 Dann wird das Licht süß sein,
und den Augen wird es wohltun, die Sonne zu sehen.
8 Denn selbst, wenn ein Mensch viele Jahre zu leben hat,

11[8] Wörtlich: »daß auch sie viele sein werden.« Andere Übersetzungsmöglichkeit für die letzte Zeile: »Jeder, der (zur Welt) kommt, ist Windhauch.«

kreten Ratschlägen, wie zu handeln sei, scheut Kohelet zurück ([1-3]), nicht aber vor der Ermahnung, daß gehandelt werden müsse. Er wechselt dabei von der Sphäre des Kaufmanns in die des Landwirts, doch gilt die Aussage sicher jeweils für beide Bereiche. Die Begründung für die Notwendigkeit ständigen Tuns ist gerade die Undurchschaubarkeit der Zukunft ([6b], vorbereitet in [4f]). An das Stichwort »gutes Ergebnis« hängt sich eine Überleitung zum äußeren Rahmen an, der Aufforderung zum Lebensgenuß in der Jugend. Die Stichwortrückbindung und andere Verbindungen von [4-6] zu [1-3] sind so stark, daß man auch an eine chiastisch aufgebaute Einheit [1-6] denken könnte (Ermahnungen – Unerkennbarkeit der Zukunft – [4] – Unerkennbarkeit der Zukunft – Ermahnung). Doch der Inhalt der Ermahnungen ist unterschiedlich, und [1-3] hat durch seine Bezüge zu 9[11f] auch eine deutliche Abschlußfunktion für 10[12]–11[3]. So muß man hier, gegen Ende des Buchs, mit bewußter Aneinanderkettung des einen Endes mit dem andern Anfang rechnen (ähnlich wie dann zwischen [7f] und [9f]). Die Stichwortbezüge sind: 11[4] »Wolken« vgl. [3]; 11[5] »Schwangere« vgl. [3] »sich füllen« (in Hebr. die gleiche Wurzel); 11[5f] »nicht erkennen« vgl. [2] »du weißt nicht«; 11[6] »gute Ergebnisse« vgl. (als Gegensatz) [2] »Unglück«.

11[4] Von [3] her sind die Wolken Symbol des Berechenbaren, in [5] wird der Wind als Symbol des Unberechenbaren wiederkehren. [4] hat beide Bilder verschränkt in der Mitte nebeneinander – doch kommt es hier auf anderes an: auf die Gefährlichkeit des Sicherheitsbedürfnisses des erkenntnisorientierten Menschen. Es kann dazu führen, daß das Handeln versäumt wird.

11[5] »Der alles tut«: Entweder »der beides wirkt«, oder eine Aussage über Gottes Allwirksamkeit (vgl. 3[11] und 8[17]). Das zweite ist von der Gesamtargumentation her wahrscheinlicher.

11[7] ist durch »und, dann« an das Vorangehende angeschlossen. [6] endet bewußt mit *ṭōbīm* »gute, glückliche Ergebnisse«. Dieses Stichwort wird sofort aufgenommen: »Es ist gut für die Augen« (EÜ in unmißverständlichem Deutsch: »den Augen wird es wohltun«). Der Kosmos selbst wird anders, wenn von Gott her das Glück ins Leben des Menschen eintritt. Vers [7] reißt mit seinen wenigen Worten den Leser in die Stimmung kosmischer Fülle und Leuchtkraft zurück, die das Einleitungsgedicht 1[4-11] kennzeichnete. Vgl. Euripides: »Süß ist es, das Licht zu sehen.«

11[8] Die Süßigkeit der Welterfahrung folgt nicht automatisch aus dem Gelingen menschlichen Handelns. Die Freude als weiteres menschliches Tun ist dazwischengeschaltet. Der Mensch

freue er sich in dieser ganzen Zeit,
und er denke zugleich an die dunklen Tage:
Auch sie werden viele sein.
Alles, was kommt, ist Windhauch. 1,4

Freude in der Jugend im Blick auf Alter und Tod: 11,9–12,7 *11,9-12,7:* 7,1-4

9 Freu dich, junger Mann, in deiner Jugend, Sir 26,19f
sei heiteren Herzens in deinen frühen Jahren!
Geh auf den Wegen, die dein Herz dir sagt,
zu dem, was deine Augen vor sich sehen. 2,10 6,9
[Aber sei dir bewußt, daß Gott dich für all das vor Gericht ziehen wird.]

11,9 Der eingeklammerte Prosaeinschub in das Gedicht gehörte wohl nicht zur Urfassung des Buchs.

muß sich das gewährte Glück dadurch, daß er sich freut und zugleich an den Tod denkt, zu eigen machen – dann wird ihm das Licht süß. Der Gedanke an den Tod relativiert dabei nicht etwa die Freude, sondern gibt ihr Stärke und Rechtfertigung. Der Zusammenhang Erfolg – Freude – neue Kosmoserfahrung drückt sich syntaktisch so aus, daß ein mit »denn« eingeleiteter Begründungssatz dann selbst modal ist. Er fordert allerdings in 3. Person auf. Die Anrede in 2. Person wird erst in 9 einsetzen. Im Unterschied zum Gedicht ab 9, das sich auf die Freude in der Jugendzeit konzentriert, spricht 8 von der Freude im ganzen Leben. Redaktionsgeschichtlich ist 7f vermutlich sogar als eine Art Ergänzung vor das schon vorgeformt existierende Abschlußgedicht gebaut worden, um dessen Einschränkung der Freude auf die Jugendzeit in vorauslaufender Interpretation zu entschränken: Der Mensch soll sich so lange wie möglich freuen! Stilistisch achte man auf das zweifache »viel« im Parallelismus und auf die Definition des Tods als die »dunklen Tage« im Gegensatz zu »Licht« und »Sonne«, den Gaben dieses Lebens. Daß das Leben nach Jahren, der Tod aber nach Tagen gezählt wird, besagt für den Sinn nichts. Es handelt sich um traditionelle Parallelismuswörter für »Zeit«. Zur letzten Zeile vgl. auch die Alternativübersetzung. Das Wort »Windhauch«, das soviele Analysen des ganzen Buchs resümiert, ist das Schlußwort des Abschnitts 11,4-8. Es wird wieder am Ende der 1. Hälfte des Schlußgedichts stehen (11,10), und dann dreifach im Schlußsatz des Buchs, der zugleich das Schlußgedicht beendet (12,8). Hier und in anderem zeigen sich musikanaloge Finalstrukturen.

11,9–12,7 Schlußgedicht = äußerer Rahmen des Schlußteils. Das Gedicht ist in 11,7f intensivst vorbereitet. »freue er sich« und »er denke zugleich« in 8 kündigen die Imperative an, die das Gedicht gliedern: »Freu dich, junger Mann« in 11,9 und »Denk an deinen Schöpfer« in 12,1. Andere Stichworte, die wiederkehren: »Licht« vgl. 12,2; »wohltun« vgl. 11,9 (EÜ: »heiteren Herzens«); »Augen« + »sehen« vgl. 11,9 »was deine Augen vor sich sehen«; »die Sonne« vgl. 12,2 (vermehrt um Mond und Sterne); »Jahre« + »Tage« vgl. 12,1 (dazu »frühe Jahre« in 11,9 und 12,1); »ein Mensch« vgl. 12,5; »dunkel« vgl. 12,2 (EÜ: »erlöschen«) und 12,3; »was kommt« vgl. 12,1; »Windhauch«

vgl. 11^{10} (Schlußwort der ersten Hälfte des Gedichts). Manche Stichwörter in 11^{7f}, die sich auf das Leben beziehen, beziehen sich im Gedicht dann auf die Jugend; manche, die sich auf den Tod beziehen, beziehen sich im Gedicht schon auf Krankheit und Alter. Die Intensität dieser Verkettung ist im ganzen Buch einmalig. Im Binnenraum des Gedichts wird diese Technik viel weniger angewendet. Eigentlich gibt es poetisch relevante gedichtinterne Wiederholungen nur zur Kennzeichnung der Grenze zwischen den beiden Teilen des Gedichts: Von den beiden Parallelausdrücken »Jugend« und »frühe Jahre« in 11^{9} kehrt der erste in der letzten Zeile des ersten Teils (11^{10}), der zweite in der ersten Zeile des zweiten Teils (12^{1}) wieder. So ist das Verdoppelungsspiel zwischen 11^{7f} und dem Gedicht aussagerelevant: Was von der Freude im ganzen Leben gilt, gilt speziell von der Freude in der Jugend; was vom Tod gilt, gilt vorgreifend schon von Krankheit und Alter. Die Struktur des Gedichts ist nur verständlich, wenn man sieht, wie – durchaus im Zusammenhang mit inhaltlichen Bewegungen – formale Erwartungen aufgebaut und ihnen dann sprachlich entgegengearbeitet wird. Syntaktisch ist bis zum Ende die Aufforderung zur Freude durchgehalten. Doch der Tod drängt sich dazwischen und wird so mächtig und allesbeherrschend, daß er doch alles überlagert und das Wort von der Freude immer mehr verdrängt. Ein eigentümlicher Schwebezustand entsteht. Man weiß nicht mehr genau, was nun eigentlich Thema war: Aufruf zum Lebensgenuß in der Jugend oder Meditation des Tods. In diese Unentschlossenheit des Verstehens hinein fällt als letztes Wort mit vollem Ton das Wort »Gott«. Die 1. Hälfte, 11^{9f}, baut – durchaus nicht monoton, aber dennoch in strenger Form – eine klassische Gedichtgestalt im Sinn der hebräischen Posie auf. Tragend sind die Imperative. »Freu dich« – »sei heiteren Herzens«: Erster Parallelismus. Dieser wird expliziert in Freudesuchen (»Geh« mit doppeltem Objekt: zweiter Parallelismus) und Übelabwehren (»Halte frei« – »schütz«: dritter Parallelismus, verlängert durch einen Begründungssatz, der das Ganze abschließt). Eine analoge Struktur erwartet man nun für die zweite Hälfte, die – entsprechend der Themenankündigung in 11^{8} – offensichtlich in 12^{1} beginnt. Doch hier setzen die Überraschungen ein. Man erwartet: »Denk an den Tod«, oder »denk an das Dunkel«. Aber es folgt:

»Denk an deinen Schöpfer.« Verwirrspiel? Ritardando? Unbewußte Sperre für das eigentliche Thema? Man wartet dann auf den Parallelismus. Analog zum Anfang in 11^{9} müßte ein zweiter Imperativ (parallel zu »Denk!«) und eine zweite Zeitbestimmung (parallel zu »frühe Jahre«) kommen. Der Imperativ kommt nicht. Gut, er kann ausfallen, wenn die Zeitbestimmung breiter formuliert wird. Das ist hier der Fall (scheinbar sogar notwendig, weil das kurze Parallelismuswort »Jugend« ja schon in 11^{10} als Schlußmotiv verbraucht ist). Die Zeitbestimmung ist ein Temporalsatz, eingeleitet durch »ehe«. Aber jetzt ist eine Schleuse geöffnet. Die temporale Relationsbestimmung »ehe« gibt nun plötzlich indirekt die Möglichkeit, doch von Krankheit, Alter und Tod zu reden, und das geschieht so sehr, daß der ganze lange Rest des Gedichts nur noch aus dieser Zeitbestimmung, aus dieser Zuendeführung der zweiten Hälfte des ersten Parallelismus besteht. Das formale Mittel dieses poetischen Vulkanausbruchs ist die sukzessive Gabelung.

»Ehe« hat in 12^{2} zunächst nur einen allerdings metrisch schon sehr lang geratenden Parallelismus an sich hängen. Doch dann setzt ^{2} parallel dazu wieder mit »ehe« an. Der hier natürlich wieder nötige Parallelismus wird in ^{3} durch »am Tag« verlängert – und damit ist der

10 Halte deinen Sinn von Ärger frei +2[23]
und schütz deinen Leib vor Krankheit;
denn die Jugend und das dunkle Haar sind Windhauch.
12[1] Denk an deinen Schöpfer in deinen frühen Jahren,
ehe die Tage der Krankheit kommen
und die Jahre dich erreichen,
von denen du sagen wirst: Ich mag sie nicht;
2 ehe Sonne und Licht und Mond und Sterne erlöschen
und auch nach dem Regen wieder Wolken aufziehen:

11[10] Andere Übersetzungsmöglichkeit: »die Jugend und die Morgenröte.«

Nebensatzcharakter des Ganzen schon fast in Vergessenheit geraten, ein selbständiges Bild des Alterns entwickelt sich. Und dies nun plötzlich in der klassischen Form sauberer Parallelismenreihen, die endlich die vom ersten Teil des Gedichts her noch bestehende Formerwartung befriedigen, wenn auch an gar nicht zu erwartendem Ort. Mitten in diesen formal ruhig weiter laufenden Parallelismus wird der Zusammenhang dann da ganz aufgegeben, wo der zweite Stichus von [4] mit einem temporalen Vordersatz (»wenn das Geräusch der Mühle verstummt«) eine ganz selbständige Schilderung einleitet, die zugleich den Übergang von der vorher herrschenden Allegorie zur direkten Schilderung eines Todestages bedeutet. Ein einleitendes *gam* »selbst« in [5] steigert diese Schilderung auf ihren Höhepunkt zu, der schließlich am Ende von [5] erreicht ist. Die Schilderung war zumindest in [5] als Antithese gebaut: Hier die lebenstrotzende Natur, da der Leichenzug und die Klageweiber. Damit ist eine Art vorläufiger Ruhepunkt erreicht. Genau hier ist es möglich, nun wieder in die alte Gesamtspannung zurückzuleiten. Zum drittenmal heißt es »ehe« ([6]), und nun folgt, nochmals die klassische Formerwartung an unerwarteter Stelle befriedigend und damit alles abschließend, eine sechsfach benennende Definition des Todes: viermal in Metaphern, zweimal in anthropologisch-theologischer Formel, die dazu noch an den Anfang der Bibel erinnert. Zugleich wird dadurch die Frage befriedigt, die durch das unerwartete Auftauchen des Wortes »Schöpfer« in 12[1] als Unruhe geblieben war.

11[9] Der Prosaeinschub dürfte vom Verfasser des zweiten Nachworts stammen (12[12-14]): vgl. die ähnliche Formulierung in 12[14], die sonst selten ist. Der Zusatz soll den Text vor libertinistischer Interpretation schützen. Ob an ein jenseitiges Totengericht gedacht ist, wird nicht ganz deutlich. Es ist eher unwahrscheinlich. Denn dann hätten die Aussagen des Buchs über den Tod als radikales Ende des Menschen ebenfalls einer solchen Korrektur bedurft. Zum Anlaß dieser Glosse vgl. die Vermutung S. 14.

12[1] Im Urtext ist die Lage bei »Schöpfer« noch etwas subtiler als oben schon dargestellt. Das Wort steht im Plural, wohl Majestätsplural (was aber ungewöhnlich ist). Ferner klingt es ganz ähnlich wie das Wort für »Zisterne«, die wiederum ein gängiges Bild der Unterwelt und des Todes ist. Dieses Wort steht in [6] (EÜ: »Grube«). In [1] ist die Orthographie ungewöhnlich, offenbar sollen beide Wörter zugleich erkennbar sein. Der Leser erwartet also »Tod«, hört zunächst so etwas wie »Grube«, realisiert aber dann, daß »Schöpfer« gesagt war. Am Ende des Gedichts wird dieses »Schöpfer« doppelt aufgegriffen: durch »Grube« ([6]) und »Gott« ([7]).

3 am Tag, da die Wächter des Hauses zittern,
die starken Männer sich krümmen,
die Müllerinnen ihre Arbeit einstellen, weil sie zu wenige sind,
es dunkel wird bei den Frauen, die aus den Fenstern blicken,
4 und das Tor zur Straße verschlossen wird;
wenn das Geräusch der Mühle verstummt,
steht man auf beim Zwitschern der Vögel,
doch die Töne des Lieds verklingen;
5 selbst vor der Anhöhe fürchtet man sich
und vor den Schrecken am Weg;
der Mandelbaum blüht,
die Heuschrecke schleppt sich dahin,
die Frucht der Kaper platzt,
doch ein Mensch geht zu seinem ewigen Haus,
und die Klagenden ziehn durch die Straßen –

12[4] Wörtlich: »Alle Töchter des Liedes ducken sich.« Daher: Andere Übersetzungsmöglichkeit: »doch alle Vögel verstummen.«

12[2] In die feste Dreiheit »Sonne, Mond und Sterne« ist – 11[7] in Erinnerung rufend und den Anblick wie bei einem langen Abschied zerdehnend – das »Licht« eingeschoben. Nach dem Regen ist sonst in Palästina sofort wieder strahlend blauer Himmel. Es wird also etwas nicht Normales geschildert. Eher zieht Kohelet hier die Topik apokalyptischen Redens vom Weltuntergang, die seinen Lesern durchaus bekannt ist, ins individuelle Leben hinein. Das Dunkelwerden des Himmelslichts und das Dunkelbleiben der Welt auch am Tag meint das langsame Erblinden des alten Menschen. Hier beginnt so etwas wie allegorischer Umgang mit der Erfahrungswelt.

12[3f] Nun ist er voll da. Das Haus, das abends zur Ruhe kommt, meint den Leib mit seinen verschiedenen Teilen: Armen, Beinen, Zähnen, Augen, Mund, Ohren. Der Vergleich des menschlichen Leibs mit einem Haus, der Arme mit Wächtern und der Zähne mit Mühlen ist auch griechisch belegbar. Die Müllerinnen waren im altorientalischen Haus Dienerinnen, die die Handmühle drehten. Bei manchen Formulierungen scheint die gemeinte Wirklichkeit durch: »zittern«, »sich krümmen«, »zu wenige«. In diesem Gleiten zwischen Bild und Wirklichkeit liegt gerade das Geheimnis dieser Zeilen.

12[4] Für die Ohren wird schon keine Einzelheit im Haus mehr benannt, trotzdem ist die Allegorie durch das »Geräusch der Mühle« noch da. Im übrigen geschieht in diesem Wenn-Satz der Übergang von der Allegorie zur direkten Beschreibung des alten Menschen. Der Nachtschlaf ist leise und kurz. Früh, wenn die ersten Vögel zwitschern, steht man auf, aber die wachsende Taubheit macht das Zwitschern immer unhörbarer.

12[5] Die Angst des alten Menschen vor dem Hinausgehen mit all dem Unbewältigbaren, das es ihm bringen kann, führt die Vorstellung unmerklich vom alten Menschen weg einfach in die Natur hinein. Eine Natur voller Lebenskraft und Fruchtbarkeit wird durch Mandelbaum, Heuschrecke, Kaper evoziert, und dann ist plötzlich der alte Mensch wieder da: Jetzt als Toter, der zu Grab getragen wird. »Ewiges

6 ja, ehe die silberne Schnur zerreißt,
die goldene Schale bricht,
der Krug an der Quelle zerschmettert wird,
das Rad zerbrochen in die Grube fällt,
7 der Staub auf die Erde zurückfällt als das, was er war, +3^{20f}
und der Atem zu Gott zurückkehrt, der ihn gegeben hat.

Rahmenvers: 12^{8}

8 Windhauch, Windhauch, sagte Kohelet, das ist alles Windhauch. || 1^{2}

ZWEI NACHWORTE VON HERAUSGEBERN: 12^{9-14}

Erstes Nachwort: 12^{9-11}

9 Kohelet war ein Gelehrter. Außerdem hat er einfachen Leuten Kenntnisse beigebracht. Er hörte zu und prüfte, er hat viele Sprichwörter selbst

12^{9} Andere Übersetzungsmöglichkeit: »Kohelet war Lehrer an einer Schule. Außerdem hat er öffentlich Lehrvorträge gehalten.«

Haus«: feste Bezeichnung für das Grab.

12^{6} Die beiden ersten Bilder dürften auf eine Lampe gehen, die als Schale an der Decke aufgehängt ist. Entscheidend sind die pretiösen Materialien: Silber und Gold. Auch Quellwasser ist kostbar. Beim Rad ist wohl an das Rad über der Zisterne zu denken, über das das Seil mit dem Schöpfeimer lief. Diese technische Neuerung war in Palästina erst im 3. Jh. eingeführt worden. Von Bild zu Bild hat sich die Sprache zu jenem Bild hinassoziiert, das als feste Chiffre Grab, Unterwelt und Tod zugleich besagt: »Grube«.

12^{7} Bei aller Feierlichkeit und Neueinführung der theologischen Dimension in den Text hat diese nüchterne Definition des Tods zugleich die Funktion, alles mit »ewiges Haus« und »Grube« vielleicht verbundene Mythische in der Todesvorstellung in die Schranken zu weisen. Tod als Ende ist hier im Kontext eindeutig, die vermutlich polemische Frontstellung von 3^{21} liegt fern, und so ist, wenn hier wie selbstverständlich gesagt wird, der Atem kehre zu Gott zurück, kaum etwas zurückgenommen, was in 3^{21} gesagt wäre.

12^{8} Der Rahmenvers ist nicht mehr der vollausgebaute Treppenparallelismus von 1^{2}. Eine solche Emphase des noch Unbekannten, sich gerade erst Einführenden ist hier am Ende nicht mehr nötig. Inzwischen hat der Satz sich mit einem ganzen Buch voller Reflexion bereichert und muß nur noch einmal wie ein leiser Ton angeschlagen werden, damit er im Leser nachhallt.

12^{9-11} Dieses Nachwort informiert über Verfasser und Buch, ist also von anderer Hand. Eine Vermutung zu Anlaß und Absicht dieses Nachworts findet sich in der Einleitung S. 12f. Vermittlung der Bildung an einfache Leute oder (Alternativübersetzung!) öffentliches Lehrangebot an alle Interessenten (^{9}) muß etwas Neues oder Außergewöhnliches gewesen sein – sonst würde es hier nicht so herausgestellt. Falls das Rufen der Weisheit auf den Straßen und Plätzen in Spr 1–9 dasselbe meint, sollte man fast annehmen, daß diese in Form gebracht. 10 Kohelet hat sich bemüht, gut formulierte Worte zu entdecken, und hier sind diese wahren Worte sorgfältig aufgeschrieben.

11 Worte von Gelehrten sind wie Ochsenstecken,
Sprüche aus Sammlungen aber sitzen wie eingetriebene Nägel –
sie sind die Gabe eines einzigen Hirten.

Zweites Nachwort: 12^{12-14}

12 Im übrigen, mein Sohn, laß dich warnen! Es nimmt kein Ende mit dem
Sir 43^{27} vielen Bücherschreiben, und viel Studieren ermüdet den Leib. 13 Hast du
alles gehört, so lautet der Schluß:
3^{14} 5^{6} 7^{18} 8^{12} Fürchte Gott, und achte auf seine Gebote!
Dtn 10^{12} Spr 1^{7} Das allein hat jeder Mensch nötig. 14 Denn Gott wird jedes Tun vor das
Sir 1^{11-30} *zu 12^{14}:* 11^{9} Gericht bringen, das über alles Verborgene urteilt, es sei gut oder böse.

12^{10} Andere Übersetzungsmöglichkeit: »Worte schön zu formulieren.«

Kapitel nicht älter sind. Im »Zuhören« und »Prüfen« (9) dürfen wir einen verhaltenen Hinweis darauf sehen, daß Kohelet ganz neue Bildungstraditionen (gemeint: die griechischen) erschloß. 10 wendet sich der Verschriftlichung von Kohelets Lehre zu. Da passivisch formuliert ist, wird nicht deutlich, ob er selbst oder ein anderer für die Schlußgestalt des Buchs verantwortlich ist. Keine bisher vorgetragene Theorie, die mehrere Hände im Buch nachweisen wollte, wirkt überzeugend. Aber unter Umständen muß man auch mit Streichungen rechnen. Auch das könnte die Passivformulierung erklären. 11 rechtfertigt die Sammlung der Aussprüche von Lehrern in Büchern. Wenn der Schlußsatz nicht auf eine Tautologie hinauslaufen soll, sagt er, die verschiedenen Sammlungen (in der in der Einleitung vertretenen Hypothese: die Sammlungen in den Spr und das Buch Koh) stammten alle von einem Urheber. Ist Salomo gemeint? Gott?

12^{12-14} Dieses zweite Nachwort betrachtet den Leser als normalen Schüler (»mein Sohn«), polemisiert gegen die Abfassung neuer Bücher (Lehrbücher?) und vielleicht sogar gegen die Überlastung der Schüler durch immer umfangreichere Lehrbücher. 13f bringen, vermutlich gegen Angriffe, das Buch Koh (das man also »hörte«, nicht »las«!) auf eine einfache und rechtgläubige Formel. Vgl. noch zu 11^{9}. Die Formel wird dem Buch zwar nicht gerecht, mag ihm aber damals geholfen haben und hat später lange Zeit der Auslegung des Buchs die Richtung gewiesen. 14 greift dabei sogar auf einen wichtigen Aspekt von Kohelets Lehre zurück: daß wir Menschen die Dinge nicht durchschauen (»alles Verborgene«). Eine Vermutung zu Anlaß und Absicht dieses Zweiten Nachworts findet sich in der Einleitung S. 13f.

ABKÜRZUNGEN

Alttestamentliche Bücher

Gen	Genesis
Ex	Exodus
Lev	Levitikus
Num	Numeri
Dtn	Deuteronomium
Jos	Josua
Ri	Richter
Rut	Rut
1 Sam	1 Samuel
2 Sam	2 Samuel
1 Kön	1 Könige
2 Kön	2 Könige
1 Chr	1 Chronik
2 Chr	2 Chronik
Esra	Esra
Neh	Nehemia
Tob	Tobit
Jdt	Judit
Est	Ester
1 Makk	1 Makkabäer
2 Makk	2 Makkabäer
Ijob	Ijob
Ps	Psalmen
Spr	Sprichwörter
Koh	Kohelet
Hld	Hoheslied
Weish	Weisheit
Sir	Jesus Sirach
Jes	Jesaja
Jer	Jeremia
Klgl	Klagelieder
Bar	Baruch
Ez	Ezechiel
Dan	Daniel
Hos	Hosea
Joël	Joël
Am	Amos
Obd	Obadja
Jona	Jona
Mi	Micha
Nah	Nahum
Hab	Habakuk
Zef	Zefanja
Hag	Haggai
Sach	Sacharja
Mal	Maleachi

Neutestamentliche Bücher

Mt	Matthäus
Mk	Markus
Lk	Lukas
Joh	Johannes
Apg	Apostelgeschichte
Röm	Römerbrief
1 Kor	1. Korintherbrief
2 Kor	2. Korintherbrief
Gal	Galaterbrief
Eph	Epheserbrief
Phil	Philipperbrief
Kol	Kolosserbrief
1 Thess	1. Thessalonicherbrief
2 Thess	2. Thessalonicherbrief
1 Tim	1. Timotheusbrief
2 Tim	2. Timotheusbrief
Tit	Titusbrief
Phlm	Philemonbrief
Hebr	Hebräerbrief
Jak	Jakobusbrief
1 Petr	1. Petrusbrief
2 Petr	2. Petrusbrief
1 Joh	1. Johannesbrief
2 Joh	2. Johannesbrief
3 Joh	3. Johannesbrief
Jud	Judasbrief
Offb	Offenbarung des Johannes

Sonstige Abkürzungen

Aq	Aquila
AT	Altes Testament
atl	alttestamentlich
chr/chron	chronistisch
D	Deuteronomist
diff	im Unterschied zu
dtn	deuteronomisch
dtr	deuteronomistisch
Dtr	Deuteronomistisches Geschichtswerk
DtrH	historischer Deuteronomist
DtrN	nomistischer Deuteronomist

DtrP	prophetischer Deuteronomist
E	Elohist
EÜ	Einheitsübersetzung
G	Septuaginta
H	hebräischer Text
HG	Heiligkeitsgesetz
Hier	Hieronymus
Hs(s)	Handschrift(en)
J	Jahwist
Je	Jehowist
korr	korrigiert
La	Vetus Latina
M	Masoretischer Text
Mur	Murabba'at
NT	Neues Testament
ntl	neutestamentlich
P	Priesterschrift
Par	Parallele
par	parallele Stellen
Pg	Priesterschrift, Grundschicht
Pt	Pentateuch
Q	Qumran-Hss
R	Redaktor
S	Syrische Übersetzung
Sm	Pt der Samaritaner
Sym	Symmachus
T	Targum
Th	Theodotion
V	Vers
VV	Verse
Vg	Vulgata
NVg	Nova Vulgata
Übs(s)	Übersetzung(en)

Bei Randverweisen am Bibeltext:

‖ zeigt Parallelstellen an

+ gibt die Grundstelle oder Stellen an, wo wichtige Begriffe erläutert werden.

verweist auf abhängige, insbesondere ntl Stellen.

Umschrift der hebräischen Lautzeichen

Aleph	'
Bet	b
Gimel	g
Dalet	d
He	h
Waw	w
Zajin	z
Chet	ḥ
Tet	ṭ
Jod	j
Kaph	k
Lamed	l
Mem	m
Nun	n
Samek	s
Aijn	ʻ
Pe	p bzw. f
Sade	ṣ
Qoph	q
Resch	r
Sin	ś
Schin	š
Taw	t
Qames	ā
Patach	a
Sere	e, ē
Segol	æ
Chireq	i, î
Cholem	o, ō
Qames chatuph	ò
Schureq	ū
Qibbus	u
Sch^{e}wa mobile	e (hochgestellt)
Chateph	a, æ, o (hochgestellt)

( ) erklärender Zusatz des Übersetzers
[ ] unechter Text bzw. alte Zusätze